袱紗・風呂敷

FUKUSA・FUROSHIKI

和のデザインと心

和のデザインと心

袱紗・風呂敷

FUKUSA · FUROSHIKI

もくじ

はじめに

袱紗・風呂敷は、包みもの、覆いものとして古くから使用されてきた。
生活環境の変化にともない、30年くらい前から減少傾向にあるとはいえ、今でも贈答儀礼の場で袱紗・風呂敷は用いられている。
例えば、結婚式の祝儀袋や仏事の不祝儀袋を小袱紗に包んで持って行く、中元や歳暮の品を風呂敷に包んで持参する、など。
また結納の儀の品は広蓋に納めて袱紗を掛け、吉祥模様の風呂敷で中包みした上で、さらに定紋入りの風呂敷で外包みする。
では何故、贈答の場面で袱紗や風呂敷は用いられるようになったのだろうか。

日本人の贈りものの習慣は、農耕文化を背景として生まれた。
農耕民にとって最も恐ろしいことは、水害や干ばつ、台風、鳥虫害など人間の力ではどうしようもない自然災害である。
そこで自然がもたらす災害を防止するために、稲作の節目に農耕祭祀を行い、神の力によって穀物の生育と豊穣を祈願するようになった。
春には作物の種をまき、それが育つ際に天変地異が起こらないことを祈る。
秋には無事に収穫できたことを喜び、感謝する。
今も伝わる年中行事の多くは、もともと五穀豊穣を祈り、それに感謝するものであった。

農耕祭祀には、御神酒（おみき）や神饌（しんせん）を神に供え、そのお下がりを自らも食する直会（なおらい）が行われた。
神に供える食べもの、神饌は、収穫したばかりの米や野菜・果物、獲れたばかりの魚介類が選ばれたが、それは新鮮で清浄なものには旺盛な生命力が宿り、それを神が喜ぶとされていたからである。
かつて、出産後や親族が亡くなった場合、身が穢（けが）れているとして一定期間は神社に参ることができなかったが、それは神が穢れたものを嫌うと考えたからである。
ただし、ここでいう穢れているというのは汚いということではなく、「気が枯れて」いて、活性化していないという意味である。

やがて穢れていないもの（気が満ちているもの、新鮮なもの）を、神にだけでなく人にも贈るという習慣が生まれた。
今でも「旬のものを贈る」とか「初物を食べると長生きする」とか、初物を大切にすることは残っている。

このように、新鮮なものを贈るということは贈答の基本的な考え方である。
風呂敷に包んだり、袱紗を掛けたりするのは、ホコリなどを除けるということだけでなく、新鮮なものの「気」をそのままに保つということでもある。
また袱紗・風呂敷には、清浄なものを贈るとき、外部からの穢れを遮断する結界（けっかい）の役割もある。
お祝い事の金封に新しいお札を使うのも、穢れたものを贈らないということ。
ただし不祝儀のときは、相手が既に穢れているので古いお札でも構わない。
不祝儀袋も袱紗に包むが、これは穢れを外にまき散らさないように、やはり結界の役割を果たしている。

「神人共食」を起源とする日本人の贈答行為は、冠婚葬祭など通過儀礼の贈答と、季節の贈答が主なものである。
そこで使用される袱紗・風呂敷の意匠には、相手を思いやる気持ち、相手の心を察する気持ちが、日本人の美意識として表現されている。
本書は、現在まで継承されてきた袱紗・風呂敷の数々を紹介し、その意匠に込められた先人たちの思いを伝えるものである。

人生の通過儀礼

誕生、成人、結婚……、
人生の節目には、さまざまな通過儀礼があり、
そこで使われる袱紗や風呂敷には、
相手を思いやる気持ちが込められている。

誕生は、生まれてくる本人にとっては
人生の通過儀礼の出発点であり、
最初の祝事である。
また子を授かった親や、
縁ある人たちにとっても大きな喜びであり、
新しい生命の誕生を祝して、
さまざまな儀礼が行われる。

誕生

緞子地 温公甕割図 刺繍 袱紗
(どんすじ　おんこうかめわりのず　ししゅう　ふくさ)

59.0×57.0cm　江戸中期

北宋の名相司馬光が幼い頃、大甕に落ちた友だちを甕を割って助けたという逸話に鶴亀松竹を添えた図柄。その機智を讃え、子ども関連の祝儀によく使われる。宮詣、お食い初、誕生日、初節供、入学祝などに適する。

塩瀬地 **桃太郎模様** 刺繍 袱紗

（しおぜじ　ももたろうもよう　ししゅう　ふくさ）

77.2×64.2cm　明治時代

室町時代に成立した昔話「桃太郎」を題材とし、婚礼で用いる嶋台（30ページ）を表現したもの。山へ芝刈りに行くお爺さんを鶴、川に洗濯に行くお婆さんを亀に擬人化し、大きな桃が川上から流れ着いた状態を描いて、桃太郎誕生を想起させる。

繻子地 **犬筥模様** 刺繍 袱紗

(しゅすじ　いぬばこもよう　ししゅう　ふくさ)

87.0×75.0cm　江戸後期

犬筥は雌雄一対からなる蓋付きの容器で、犬張子(いぬはりこ)ともいう。正面を向いているのが雄、後姿は雌を表している。嫁入り道具として持っていき、婚礼調度、産児の御伽、宮参りの祝いもの、ひな祭りの調度などに用いられた。

塩瀬地 **薬玉貝桶模様** 染繍 袱紗

(しおぜじ　くすだまかいおけもよう　せんしゅう　ふくさ)

55.0×50.0cm　大正11年頃

薬玉は邪気を払うとされ、端午の節供から九月九日の重陽の節供まで用いる。貝桶は360個の二枚貝(蛤)を二つの桶に納めた嫁入り道具で、ひな祭りにも飾られた。この袱紗は初節供の祝いに、男女どちらが生まれても使えるようにと用意されたもの。

誕生に関するお祝い

着帯祝

妊娠5か月めの戌の日に岩田帯と呼ばれる腹帯を着けるしきたり

出産祝

出産内祝

命名（お七夜）

誕生7日目のお七夜までに名前をつけ、披露する

宮詣

無事に誕生したことを産土神（うぶずながみ）や氏神様に報告し、健康と幸せを祈る。男子は生後31日目、女子は30日目にするのが定説

お食い初祝

生後120日目（小笠原流の流儀）に初めてご飯を食べさせる祝儀。伊勢流では101日目

呉呂福林地　**布袋に唐子遊図**　刺繍　袱紗

（ごろふくりんじ　ほていにからこゆうず　ししゅう　ふくさ）

85.0×84.5cm　江戸中期

布袋は中国の禅僧。半裸で大きな袋をかついだ姿で知られ、弥勒菩薩の化身とされる。日本では福徳円満、商売繁盛の神として、七福神の一つに数えられる。唐子は子どもを描いた文様で、子孫繁栄、家運隆盛を表すめでたい文様である。

江戸時代の武家では男子17歳前後で初冠（元服）を行い、
髪型を男髷（まげ）に改め、
幼名を廃して実名（烏帽子名）を付けた。
女子は14～16歳になると鬢（びん）そぎをし、
眉作りもして大人の姿になった。
現代では満20歳を成人とし、お祝いする。

成人

塩瀬地 **竹林の七賢人図** 描絵 袱紗
（しおぜじ　ちくりんのしちけんじんのず　かきえ　ふくさ）

81.0×67.0cm　明治中期

3世紀中頃の中国で、7人の賢人が河内省修武県の竹林に集まり、在野の人材を中央に推挙するために、老荘思想をもとに人物批評したことに由来する意匠。「七賢人に選ばれるような人に成人してください」という意味が込められている。

成人までのお祝い

誕生日

初節供

初めて迎える節供を祝う。男子は五月五日の端午の節供、女子は三月三日の上巳の節供

七五三詣

男子は3歳と5歳、女子は3歳と7歳のときにお宮に詣る

入園・入学

卒業

成人式

綴錦地 竹林の七賢人図 袱紗

（つづれにしきじ　ちくりんのしちけんじんのず　ふくさ）

72.1×71.9cm　明治時代

「竹林の七賢人」は、室町時代の中期に誕生した「七福神」の発想の原点ともなっていて、温公甕割図（10ページ）と並んで、中国説話を表す袱紗模様に最も多く登場する。塩瀬、綴錦の他、繻子地に刺繍したもの、友禅染など手法も多様で、遺品も多い。

繻子地 猩々模様 刺繍 袱紗
(しゅすじ しょうじょうもよう ししゅう ふくさ)

75.3×62.2cm 明治前期

中国の揚子の里に住む親孝行な酒売りのもとに、猩々(無邪気な愛酒家の妖精)が訪れ、芦の笛を吹き、舞を舞って祝福するという能の演目を題材にした袱紗。孝行の徳がやがて招福となっていくことを表現している。

婚礼

婚礼は、人生の祝い事の中でも
最も華やかなものである。
人生の新しい段階に入ったことを確認し、
それを家族や親戚、友人、知人など
お世話になった方々に披露する場でもある。

木綿地 **梅笹に鴛鴦模様定紋入** 筒描友禅 重掛
(もめんじ　うめざさにおしどりもよう　じょうもんいり　つつがきゆうぜん　じゅうかけ)

103.8×98.8cm　江戸後期

鴛鴦は鴛（えん）が雄、鴦（おう）が雌。雌雄の仲がよく、常に一緒にいるため夫婦円満の象徴とされ、向き合っているのは婚約中を、寄り添っている図は結婚後を表す。この重掛は定紋「総陰丸に三つ帆」を右下隅に上下方向に配している。

綴錦地 雄蝶雌蝶に松竹梅模様 袱紗

（つづれにしきじ おちょうめちょうにしょうちくばいもよう ふくさ）

68.1×61.0cm 江戸後期

雄蝶雌蝶の蝶花形の中に青海波（せいがいは）と鶴亀を入れ、その周囲に松竹梅を配した図柄。単純な線構成と鮮やかな色調でデザイン化された模様には、近代的な感覚が感じられる。雄蝶雌蝶模様の袱紗は結納や結婚祝に際して使われる。

繻子地 雄蝶雌蝶模様 刺繍 袱紗

（しゅすじ おちょうめちょうもよう ししゅう ふくさ）

84.1×73.6cm 明治後期

紅白の水引の雄蝶と赤金の水引の雌蝶の蝶花形に、根引松を添えた図柄。蝶花形とは、婚礼などの祝宴で酒器を飾る蝶の形をした折り紙で、蚕の蛾をかたどっている。蚕は古代より精霊の化身とされ、復活と繁栄を表すことから子孫繁栄の意味が込められている。

繻子地　波に鶴亀模様　刺繍　袱紗

（しゅすじ　なみにつるかめもよう　ししゅう　ふくさ）

86.6×68.6cm　江戸後期

「鶴は千年、亀は万年」の言葉から、鶴と亀の組み合わせは延命長寿を意味する吉祥模様として知られる。婚礼儀式の場では「去る、切れる」などの忌言葉は使ってはならないが、万一間違えても「つるかめ、つるかめ」と発すれば、縁起なおしになるとされている。

繻子地 地紙に松竹梅模様 刺繍 袱紗

（しゅすじ　じがみにしょうちくばいもよう　ししゅう　ふくさ）

82.0×65.5cm　江戸後期

扇を作る竹を骨、紙を地紙という。扇は開くと元は狭く、末は広がるので「末広」ともいい、物の増大、繁栄、開運を表す。松は常緑樹で尊ばれ、門松にも用いられるが、鎌倉時代には竹、江戸時代になって梅を添えておめでたい模様の代表となった。

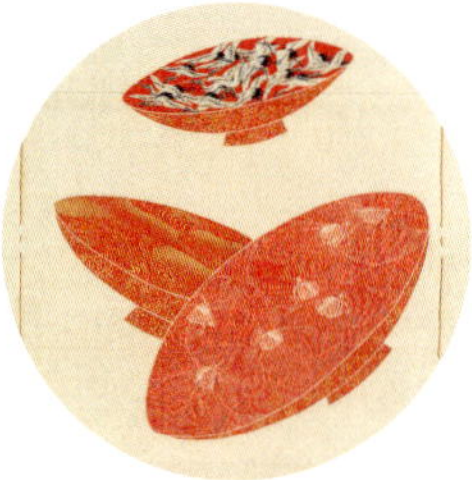

婚礼祝儀

結納

結婚御祝

結婚内祝

婚礼は一生の通過儀礼の中で最も活性化が図られるときであり、贈答儀礼が盛んなときでもある。婚礼が近づくと、それぞれの家において袱紗が新調され、嫁入り道具として紋付風呂敷などが調達された。
贈答調度品としての掛袱紗は、男性用は翁、高砂、蓬莱、嶋台などが描かれ、女性用には貝桶模様や、夫婦相愛を表す鴛鴦、雄蝶雌蝶などが意匠として用いられた。また両家の紋を組み合わせた比翼紋（ひよくもん）を配したものも見られた。
大正から昭和にかけて、男女別の袱紗は量産されるようになり、男性用は裏面を青緑系か茶系の配色にして定紋を入れ、女性用は朱赤系や紫系の裏面に女紋を入れたものが作られた。
現在では掛袱紗は、婚礼時に最も多く利用され、男性の結納袱紗、女性の万寿袱紗*と、その用途を明確に区分して使用されている。

*花嫁が結婚後、親戚や近所の挨拶回りに使う袱紗。紅白の饅頭を万寿盆（漆塗りの黒のお盆）に載せて、袱紗を掛け、風呂敷に包んで配る

繻子地 **貝桶模様** 刺繍 袱紗
(しゅすじ　かいおけもよう　ししゅう　ふくさ)

70.5×69.0cm　江戸後期

貝桶とは貝合わせの貝（蛤）を入れた桶。貝合わせは平安貴族の遊びで、貝の内側に対になる絵や歌を書いて対の貝を当てる。蛤は他の蛤貝とは組み合わないことから夫婦和合の象徴とされ、嫁入り道具の一つとなった。

木綿地　高砂模様定紋入　友禅　重掛

（もめんじ　たかさごもよう　じょうもんいり　ゆうぜん　じゅうかけ）

75.3×63.7cm　明治前期

高砂の絵柄に「三つ橘紋」を、上下方向に左下隅付けにした重掛。これを塩瀬地や縮緬地に染め、袷仕立てにすれば立派な掛袱紗となる。江戸期庶民は禁令により絹を使えず、明治になってもその慣習を継続し、木綿地を用いたのである。

繻子地 **嶋台模様** 刺繍 袱紗

(しゅすじ　しまだいもよう　ししゅう　ふくさ)

78.1×62.0cm　江戸後期

嶋台は祝儀の際に飾る縁起もので、州浜台*の上に鶴亀、松竹梅、尉姥などを飾り、蓬莱山（中国の伝説で仙人の住む山）をかたどったもの。婚儀に多く用いられ、関西では今も結納飾りの一つである。

*州浜（海の砂州）の形の足付きの台

繻子地 高砂（尉と姥）模様 刺繡 袱紗

（しゅすじ　たかさごじょうとうばもよう　ししゅう　ふくさ）

116.5×112.1cm　江戸後期

「高砂」は松を題材にした能の演目で、延年長寿、夫婦円満、航海安全を表現している。また謡曲高砂も、結婚式の披露宴などでよく謡われる。この袱紗は、翁（尉）の持つ熊手と姥の持ち物である箒を老松に添えて尉と姥の留守模様とし、品格を漂わせている。

〈裏〉

精好地　**千羽鶴模様**　刺繍　袱紗
（せいごうじ　せんばづるもよう　ししゅう　ふくさ）

99.7×86.0cm　江戸後期

総刺繍で表に鶴、裏面には亀を描いたもの。鶴は千年の命を誇るめでたい鳥とされ、亀や松、日の出、瑞雲（ずいうん）、波涛などと組み合わせて長寿を象徴する。千羽鶴はそんな鶴がたくさん群れていることから、限りないめでたさを表している。

〈裏〉

精好地 **老松模様** 刺繍 袱紗

（せいごうじ　おいまつもよう　ししゅう　ふくさ）

97.0×86.0cm　江戸後期

常緑樹である松は、古代より神の依代（よりしろ＝神霊が出現するときの媒体となるもの）として尊ばれ、吉祥樹とされてきた。千羽鶴模様袱紗とともに原画は長山孔寅（ながやまこういん/1765-1849）の作で、2枚揃えで、おもに婚礼祝儀時に用いられた。

壁縮緬地　三歌仙之図　染繍　袱紗

(かべちりめんじ　さんかせんのず　せんしゅう　ふくさ)

72.0×65.2cm　大正時代

和歌山の玉津島神社（衣通姫：そとおりひめ）、大阪の住吉神社、柿本人麻呂は和歌の守護神と仰がれ、和歌三神とされる。この袱紗は三神を人物と風景で表したもので、大阪堺と和歌山地域に限定して用いられる。

〈裏〉

塩瀬地 **酒盃に鶴亀模様** 友禅 袱紗

（しおぜじ　しゅはいにつるかめもよう　ゆうぜん　ふくさ）

41.4×34.8cm　明治時代

小盃には千羽鶴、中盃には波、大盃には蓑亀（長生きして尾に海藻がつき蓑のようになった亀）が描かれ、婚礼における三三九度の盃を表している。三三九度は3回3度の飲み合いを取り交わす飲酒方式で、大小三重ねの盃を用いる。

縮緬地 **松竹梅の丸模様** 絞 袱紗

（ちりめんじ　しょうちくばいのまるもよう　しぼり　ふくさ）

43.6×40.1cm　江戸後期

梅は厳寒の時期に開花し、松竹は冬に緑を保つことから、中国では松竹梅を「厳寒三友」と呼び、清廉な人格の象徴とした。

厄除け

一生のうちで特定の年齢を厄年とし、
その年に当たった人は身を慎み、
神社やお寺で厄除け祈願をする。
厄除けのやり方は、地方や各神社仏閣で様々だが、
一般的にはご祈祷やお祓いを受け、
厄除けのお札をもらって帰る。

厄除け祈願

男性	女性
25歳	19歳
42歳（大厄）	33歳（大厄）
61歳	37歳

厄年とは中国古代の陰陽五行説による信仰で、一生のうちで厄災が多く降りかかるとされる年齢のことである。
とくに男性の42歳と女性の33歳は大厄とされ、その前後1年間に前厄と後厄があり、本厄と同様注意すべきとされている。本厄の年には、厄除け、厄払いを行い、神仏の加護を受けて厄災を未然に防ぐという習慣が一般的だが、地方によっては知人を呼び、厄落しの宴を開くこともある。

新綴織 孔雀文様 袱紗
(しんつづれおり　くじゃくもんよう　ふくさ)

73.0×66.0cm　昭和10年

孔雀は孔雀明王の乗り物であり、悪食で毒草や毒蛇を食べることから、人々の慾や怒りなどを消し、災厄や苦痛を取り除く功徳があると信じられた。孔雀明王は日本密教の本尊で、その経を念ずれば身に迫る一切の難を除くとされている。

塩瀬地　瑞祥画に寿取模様　染繍　袱紗

（しおぜじ　ずいしょうがにことぶきどりもよう　せんしゅう　ふくさ）

78.2×66.0cm　明治30年

寿の文字の中に上から、福禄寿、寿老人、浦島太郎、菊慈童（46ページ）、三浦大助（みうらのおおすけ：忠誠を貫いた源氏の武将で106才まで生きた）、東方朔（とうぼうさく：中国前漢の文人。蟠桃を盗んで食べ9000年生きた）、万歳楽（51ページ）、高砂（31ページ）を描いて瑞祥としている。

賀の祝

賀の祝とは、元気で長生きしていることをみんなで祝うこと。
もともとは中国から伝わった風習で、
かつては元服、婚礼と並んで三大祝事であった。
「人生五十年」と言われた昔は60歳以上は長寿と考えられ、
暦が一巡する60年は人生の大きな節目であった。

壁織地 籠に桃の図 友禅 袱紗
（かべおりじ　かごにもものず　ゆうぜん　ふくさ）

80.0×67.0cm　明治前期

崑崙（こんろん）山に住む仙女西王母の桃園には、三千年に一度だけ熟す果実（蟠桃：ばんとう）があり、これを食せば不老長寿を得るという中国説話から、桃は長寿の象徴となった。この袱紗は、西王母の侍女が抱える蟠桃を入れた篭を描いている。

緞子地　**菊慈童之図**　切伏染繍　袱紗

(どんすじ　きくじどうのず　きりぶせせんしゅう　ふくさ)

72.0×66.8cm　昭和前期

「菊慈童」は中国故事を元にした能の演目で、不老不死となった童子の物語である。不老長寿を祝う図柄として、袱紗だけでなく着物、帯、櫛、印籠などにも多く用いられた。賀の祝や長寿内祝、また重陽の節供進物などに適する。

緞子地　**扇面模様**　切伏染繍　袱紗
（どんすじ　せんめんもよう　きりぶせせんしゅう　ふくさ）

60.0×54.5cm　昭和前期

菊慈童之図袱紗と同じく神坂雪佳（かみさかせっか/1866-1942）の描絵によるもので、愛らしさの中に和やかな気品が漂っている。

賀の祝

還暦（かんれき）・61歳

十干十二支は60年で一巡し、数え年61歳になるとその人の生まれた年の干支に戻るので還暦、または本卦返りという

古希（こき）・70歳

中国の詩人杜甫の詩の一節「人生七十古来稀也」に由来する。昔は70歳生きるのは稀であった

喜寿（きじゅ）・77歳

喜という字を草書体で書くと、略字が七十七と読めることから

傘寿（さんじゅ）・80歳

傘の略字が八十と読めることから

米寿（べいじゅ）・88歳

米の字を分解すると八十八となることから

卒寿（そつじゅ）・90歳

卒の略字「卆」が九十と読めることから

白寿（はくじゅ）・99歳

99歳は100歳マイナス1歳で、百の字から一をとると白になることから

百寿・100歳

百賀の祝ともいう。100歳以上は一年一年が貴重なので、これ以降は毎年祝う

綴天鵞絨　松竹梅額取福禄寿の図　袱紗

（つづれびろうど　しょうちくばいがくどりふくろくじゅのず　ふくさ）

74.2×67.4cm　江戸後期

福禄寿は、寿老人の分身として寿老に福禄の徳を付加した七福神の一つ。中国道教をもとに日本で創出した神で、子孫繁栄、財産獲得、延命長寿、招福除災の功徳があるとされる。

綴錦地　**三枚地紙模様**　袱紗

（つづれにしきじ　さんまいじがみもよう　ふくさ）

75.4×68.8cm　江戸後期

まん中に描かれた寿老人（じゅろうじん）は、中国道教の始祖老子が神格化したとも、南極寿星（龍骨座カノープスが神格化）ともいわれ、手の巻物には人の寿命が記録されているという。室町時代から七福神の一つに数えられ、延命長寿の祈願対象とされてきた。

塩瀬地　万歳に松皮菱牡丹唐草模様　印金　袱紗

（しおぜじ　まんざいにまつかわびしぼたんからくさもよう　いんきん　ふくさ）

81.5×69.0m　明治中期

万歳とは、正月に家々を訪問し五穀豊穣・無病息災などを祈り、歌い舞う芸能。万歳三人舞を、菱形を変形させた松皮菱と牡丹唐草で縁取りしたこの袱紗は、左隅に「七十一翁」と入れ、古希の賀の内祝に配り袱紗として調製されたものである。

新築

〈裏〉

綴錦地　翁面箱の図　袱紗

（つづれにしきじ　おきなめんばこのず　ふくさ）

70.5×61.9cm　江戸後期

能楽の演目「翁」で用いられる黒色尉の面と面箱を描いた袱紗。「翁」は面そのものを神体とみなし、演者はそれをつけて天下泰平、五穀豊穣を祈って舞う。正月や祝賀、記念能など特別なときに演じられることから、年賀式や新築落成祝などの進物に適している。

綴錦地 翁の図 袱紗

（つづれにしきじ　おきなのず　ふくさ）

69.0×66.5cm　江戸後期

白色尉の面をつけた翁が「翁の舞」を演じているところで、演者は舞台上で面をつけるので面箱が添えられている。「翁」は猿楽の古い形式で、別名「式三番」と呼ばれ、平安時代から天下泰平、子孫繁栄、国土安泰、五穀豊穣を祈願する神楽であった。

家を新築することは人生の喜ばしい節目である。
新築に際しては、地鎮祭、上棟式などの儀式を行い、
工事の無事と新しい家の繁栄を祈る。
新居が完成したら、
親戚、友人、お世話になった工事関係者などを招き、
新しい家のお披露目の場を設ける。

叙勲

国や公共のために功労があった人には、
菊花章、旭日章、宝冠章など様々な叙勲がある。
また、社会的分野で
優れた業績をあげた人を対象とする各種褒賞や、
科学、文藝、美術などに
めざましい貢献をした人に与えられる
文化勲章もある。

繻子地 桐竹鳳凰模様 刺繡 袱紗

（しゅすじ　きりたけほうおうもよう　ししゅう　ふくさ）

69.0×68.5cm　江戸後期

鳳凰は中国の伝説の瑞鳥。日本でも飛鳥時代から盛んに使われ始め、天下泰平、聖天子の治世を表す瑞祥とされたため、天皇と関わりの深い文様となった。桐の木に住み、竹の実を食べることから桐竹鳳凰模様が構成された。鳳が雄で、凰は雌を表す。

縮緬地 桐鳳凰模様 刺繡 袱紗

（ちりめんじ　きりほうおうもよう　ししゅう　ふくさ）

73.5×76.0cm　江戸中期

四方守護神の一つである鳳凰は南に位置する。陰陽五行説では南を上に、北を下に描く慣例があり、鳳凰を描くときも上方に羽を広げ、首を下方に向けて描く。この袱紗は鳳と桐を左上と右下に配置し、包み袱紗として使用することも考えた模様構成となっている。

繻子地 諫鼓に鶏模様 刺繍 袱紗
(しゅすじ　かんこににわとりもよう　ししゅう　ふくさ)

84.0×73.0cm　江戸後期

中国堯帝の時代、「我が政治に不満あらばこの諫鼓を打ち鳴らし知らせよ」とのおふれが出たが、優れた政治に誰も打つことはなく、鶏がとまったという故事からの絵柄。天下泰平、国家安泰を表出し、雌と三匹の雛を添えて家内安全も表している。

さまざまな祝事と御見舞

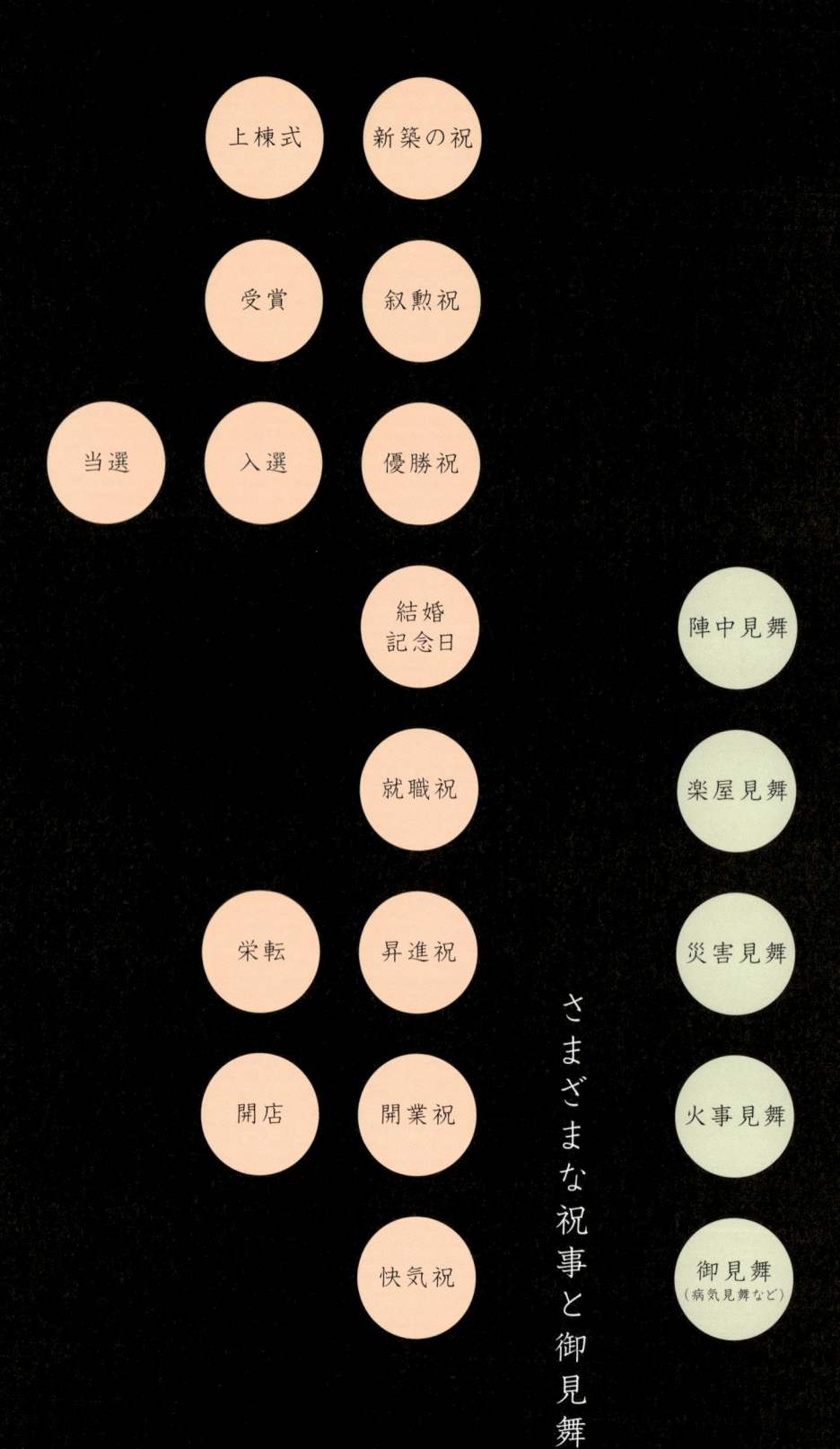

陣中見舞
楽屋見舞
災害見舞
火事見舞
御見舞
（病気見舞など）

新築の祝
叙勲祝
優勝祝
結婚記念日
就職祝
昇進祝
開業祝
快気祝

上棟式
受賞
入選
栄転
開店

当選

人生には様々な祝事がある。
祝事の贈答に際しては、
目的に最も適した模様の袱紗・風呂敷を使用するが、
松竹梅や鶴亀など、慶賀を表す意匠を組み合わせ、
祝事全般に使えるのものもある。

祝事 全般

塩瀬地 **老松の図** 描絵 袱紗
(しおぜじ　おいまつのず　かきえ　ふくさ)

71.5×65.5cm　明治中期

風雪に耐え、千年の緑を保つ老松に竹笹と梅を添え、松竹梅を表したもの。鈴木百年（1825-1891）の手描きで、右上に漢文の画賛と、「百年」の号、「鈴木印」、「三万六千日」の落款の押印が見られる。祝儀一般に使用できる袱紗。

〈裏〉

綸子地　双鶴模様　刺繍　袱紗

繻子地 百寿文字 刺繍 袱紗

（しゅすじ　ひゃくじゅもじ　ししゅう　ふくさ）

60.7×56.5cm　明治後期

縦に10行、横に10列の寿変形文字を描いて百寿文字とした、すべての祝儀贈答に使用できる袱紗で、今も生産されている。寿文字は延年長寿を表す吉祥文として、あらゆる身の回り品や什器に使用される。

御殿織 **扇面に三社文様** 袱紗

（ごてんおり　せんめんにさんじゃもんよう　ふくさ）

70.0×61.0cm　昭和6年

三本の扇面に日輪、尾長鶏、鹿二頭と鳩が描かれている。日輪と尾長鶏は伊勢の天照大神宮、鹿は奈良の春日大社、鳩は京都の岩清水八幡宮の神使いとされ、三神の徳を表現している。

弔事

弔用袱紗を扱う店舗では、
客に勧める模様の一番は蓮・香炉・経巻を組み合わせたもの、
「無」「空」の文字を印したものである。
二番目は観音菩薩や般若心経を写したもので、
三番目に羅漢ものがあげられる。

壁織地　十六羅漢図　友禅　袱紗
（かべおりじ　じゅうろくらかんず　ゆうぜん　ふくさ）

70.0×65.8cm　明治時代

羅漢は阿羅漢の略称で、悟りを開いた仏弟子に対する尊称。日本では十六羅漢、五百羅漢として信仰されている。この袱紗は仏の供養、祈祷、法会などに用いる仏具を添えて十六羅漢を描いたもので、羅漢像を祀る寺院やその檀家で使われる。

紋織地 蓮形に観音図 切伏 袱紗

（もんおりじ　はすがたにかんのんず　きりぶせ　ふくさ）

56.5×51.0cm　明治後期

神坂雪佳（1866-1942）の筆による揚柳（ようりゅう）観音像が描かれている。揚柳観音は、観音菩薩が救済のために三十三に変化した観音の一つ。柳の枝には霊力があると伝えられ、柳の枝を用いて厄病を癒すことから薬王観音ともいわれる。

紋織地 **月形に蓮花図** 切伏 袱紗

（もんおりじ　つきがたにれんかず　きりぶせ　ふくさ）

56.5×51.0cm　明治後期

同じく神坂雪佳が描いた、月形の中に極楽浄土を表す蓮花をのぞかせた袱紗。観音図の袱紗と一組で「故人の生前の功徳により、観音菩薩のご来迎を仰いで極楽浄土に昇られ、再び現世に誕生されることを祈念し回向いたします」という情意を表現する。

紬地　竹に雀模様　友禅　袱紗

（つむぎじ　たけにすすずめもよう　ゆうぜん　ふくさ）

74.0×74.0cm　江戸後期

寺院では仏具や什器も多く、打敷（うちしき）や覆い裂を多数必要とするため、檀家は故人が愛用した着物や帯などを仕立て直して寄進した。この袱紗は五種の裂地をパッチワークのように縫い合わせたもの。

弔事贈答《仏式》

葬儀	〈香典〉
法要	〈お供え〉
初七日	〈粗供養〉
二七日(ふたなぬか)	
三七日	
四七日	
五七日	
六七日	
七七尽(四十九日)	〈満中陰忌明志〉
納骨	
初盆	
百ヶ日	〈形見分け〉
祥月命日	
建碑祝	〈開眼供養〉
一周忌	
三回忌	
七回忌	
十三回忌	
十七回忌	
二三回忌	
三三回忌	
三七回忌	
五十回忌	
百回忌	

塩瀬地 **観音の図** 友禅 袱紗

（しおぜじ　かんのんのず　ゆうぜん　ふくさ）

37.2×34.2cm　昭和７年

表は橋本関雪（1883-1945）の筆による水月観音菩薩の来迎図。裏には明治天皇御製の和歌と、関雪の妻が生前この和歌を清書していたことが書かれている。すなわちこの袱紗は、関雪の妻の忌日法要として配られたものである。

〈裏〉

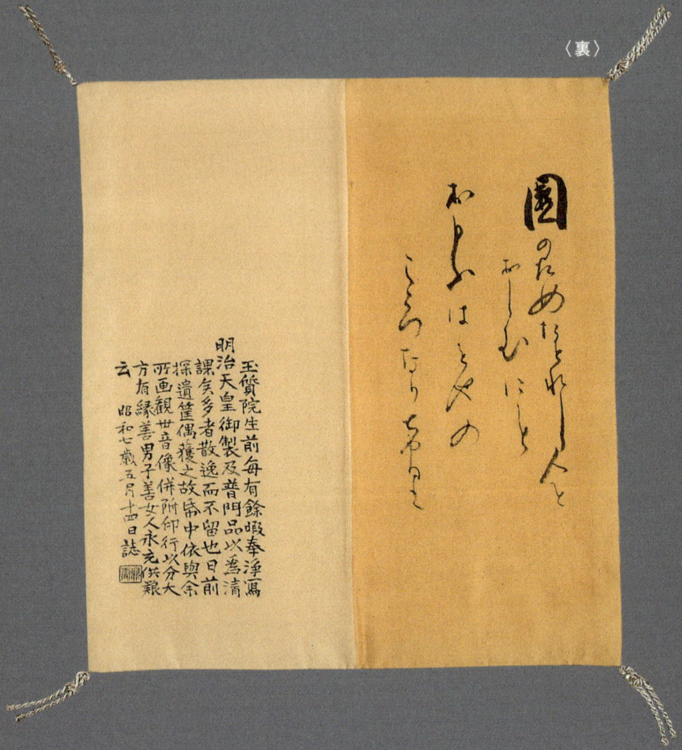

四季の贈答

四季のある日本では、正月、五節供、お盆など、
季節による贈答が行われる。
四季を雅に彩った袱紗・風呂敷の意匠からは、
贈る人の気持ちが伝わってくる。

正月

塩瀬地　宝船模様　友禅　袱紗
(しおぜじ　たからぶねもよう　ゆうぜん　ふくさ)

79.0×66.0cm　明治中期

江戸中期から、宝船の絵を枕の下に敷いて寝ると良い初夢を見ると信じられるようになった。正月の縁起物として宝船の版画を売り歩く宝船売りは、正月の風物詩として明治中期頃まで見られたという。

宝船と初夢

大晦日は歳神を迎え、眠らないのが一般の風習であったため、すべての事始めは正月２日とされ、初夢も２日の夜とされていた。宝船の絵に「永き世の遠の眠りの皆目覚め　並み乗り船の音の良きかな（なかきよのとおのねふりのみなめさめ　なみのりふねのおとのよきかな）」という回文（上から読んでも下から読んでも同じ文）を書いて、枕の下に敷いて寝ると良い夢を見ると信じられ、悪い夢を見ればその絵を水に流した。
宝船模様の袱紗は正月祝儀贈答に適するが、正月は常に目出たいものであることから、祝意を表現する代表的な模様となっている。

綸子地　宝船模様　染繍　袱紗
（りんずじ　たからぶねもよう　せんしゅう　ふくさ）

76.5×71.2cm　江戸中期

宝船については、もとは室町幕府で節分の夜に宝物を描いた船の絵を将軍に献じ、宮中では米俵と宝物を乗せた船の帆に悪い夢を食べるという「貘」の字を書いた絵を宮家に賜る風習があった。江戸初期までは節分の行事だったが江戸中期から正月行事となった。

綸子地　**松竹に迎春文字入模様**　染繍　袱紗

（りんずじ　しょうちくにげいしゅんもじいりもよう　せんしゅう　ふくさ）

95.5×99.3cm　江戸中期

若松に笹竹を添え、古代紫で左上隅を染分け「迎春」の文字を入れた、元旦から1月15日までの期間限定で使用される新年専用の袱紗。年に一度使用するためだけの袱紗というものは、よほど財力のある家でなければ出来ないことで、発注主の美的センスも窺える。

紋織地 **海老に注連縄模様** 刺繍 袱紗

（もんおりじ　えびにしめなわもよう　ししゅう　ふくさ）

45.5×45.5cm　江戸中期

白生地は清浄感、大小2匹の紅の海老は太陽神天照皇大神宮を表し、紅白で祝意を表現した袱紗。注連縄は内と外を隔てる結界を表し、子孫繁栄、不老長寿、国家安泰を祈願する新春慶賀に用いられる。

人日の節供

縮緬地 春の七草図 友禅 袱紗

（ちりめんじ　はるのななくさず　ゆうぜん　ふくさ）

46.0×40.0cm　明治時代

正月七日に七草を羹（あつもの）にして食べると万病なく、邪気を払うとされたのは平安時代に始まった。江戸初期には「人日（じんじつ）」として五節供の一つに入れられ、宮中でも七日は「白馬節会（あおうまのせちえ）」の行事を行い七草粥を食した。

繻子地 雪持水仙模様 刺繍 袱紗

（しゅすじ　ゆきもちすいせんもよう　ししゅう　ふくさ）

69.0×66.5cm　江戸後期

水仙は中国原産の早春の花で、古くから文人墨客が愛好し、雪の中に咲くことから「雪中花」とも呼ばれる。『花伝書』の中に「五節供に専ら好む草木、正月梅、水仙花」とある。初春の爽やかさを醸し出し、寒中見舞いなどに適した袱紗。

戎祭

繻子地 福笹模様 刺繍 袱紗
（しゅすじ　ふくざさもよう　ししゅう　ふくさ）

85.1×67.3cm　江戸後期

正月十日は戎祭で、多くの参拝客で賑わい、縁起物の福笹が売られる。買った福笹は神前祈祷の上、自宅の神棚に飾り一年の招福祈願をする。この袱紗は、福笹と烏帽子を描いて戎神（大漁、航海安全の守護神）を表している。

繻子地 子供遊具模様 刺繍 袱紗
（しゅすじ　こどもゆうぐもよう　ししゅう　ふくさ）

62.3×58.0cm　江戸後期

四つ折りにした４分の１ずつに春の農耕祭祀を表現した袱紗。狐面は稲荷大社の使いである狐を描き立春後の「初午」を、春駒は「事八日」に田の神を迎える神馬を表し、引鯛は「初戎」、火打袋は火の用心を表象し１月23日にお札をもらう愛宕信仰を描いている。

五節供

正月七日

人日（じんじつ）

七草の節供

三月三日

上巳（じょうし）

桃の節供・ひな祭り

五月五日

端午（たんご）

菖蒲の節供

七月七日

七夕（しちせき）

星祭り・棚機（たなばた）

九月九日

重陽（ちょうよう）

菊の節供

節供の「節」は一年のうちの特定の日のことで、「供」とは供する食物のこと。節供とはある特定の日に、神や人に食物を供することを意味していたが、今はその特定の日そのものを指す。節供を節句と書き表すようになったのは江戸時代以降である。

節分

節分

節分とは季節の節目を意味する言葉で、元々は立春、立夏、立秋、立冬のそれぞれの前日のことである。しかし旧暦では立春が年の始まりであったため、この節目がとくに重要視され、いつしか節分といえば立春の前日をさすようになった。

壁織地 神楽の図 友禅 袱紗
（かべおりじ　かぐらのず　ゆうぜん　ふくさ）

55.0×48.0cm　明治時代

鈴の代わりに水仙を持って神楽を舞うお多福と、座して鉦を打つ天狗の図柄で神楽奉納を描いた図柄。お多福は節分の福女を兼ね、天狗はしばしば鬼と同一視されることから節分の季を表現するとともに、厄除け祈願も加えている。

田の神祭

繻子地　隠蓑隠笠模様　刺繍　袱紗
（しゅすじ　かくれみのかくれがさもよう　ししゅう　ふくさ）

95.2×83.3cm　明治時代

陰暦二月八日は「事始め」として田の神を迎えて祈念祭が行われる。日本では神は姿の見えない存在として伝承されてきたので、人々は神は隠れ笠と隠れ蓑を着て人里に来ると考え、これを絵に描いて農神を表象した。

上巳の節供

縮緬地　**立雛模様**　染繍　袱紗

（ちりめんじ　たちびなもよう　せんしゅう　ふくさ）

35.5×32.5cm　大正時代

三月三日は「桃の節供」。もともとは「上巳（じょうし）の節供」といい、陰暦三月の最初の巳の日を指した。この日は紙や草で「ひとがた」を作り、巳の日の災いを払うために川や海に流したが、やがてお人形遊びと結びつき、今のような女の子のお祭りとなっていった。

縮緬地 **立雛模様** 切伏 袱紗
（ちりめんじ　たちびなもよう　きりぶせ　ふくさ）

39.0×33.5cm　明治時代

上巳の節供に雛を祭るようになるのは、江戸時代中期以降とされる。ひな祭りには、赤飯、菱餅、魚介類の祭寿司などを重箱に入れて配ることが多く、飾り雛、立雛、柳に桃花、海の幸を意匠とする袱紗が使われた。

繻子地 **海の幸模様** 刺繍 袱紗
(しゅすじ　うみのさちもよう　ししゅう　ふくさ)

67.0×65.8cm　江戸中期

かつて旧暦三月三日を磯遊びの日と定め、家族連れで弁当重箱を持って海浜に出かけて遊楽した。さまざまな海の幸を描いたこの袱紗は、貝の名前や魚の名前を言い当てる楽しみを添えて、上巳の節供に使用された。

花見

繻子地　嵐山細見図　刺繍　袱紗
（しゅすじ　あらしやまさいけんず　ししゅう　ふくさ）

78.5×70.0cm　江戸後期

嵐山は京都洛西の渡月橋両岸一帯を指す地名で、国の史蹟名勝のひとつである。満開の桜花の下、遊楽に打ち興じる人々の姿を描いたこの袱紗は、春の宴に持参する重箱や盤台などに掛けるのに用いられる。

端午の節供

繻子地　李白観瀑の図　刺繍　袱紗

（しゅすじ　りはくかんばくのず　ししゅう　ふくさ）

79.0×64.0cm　明治前期

袱紗模様の中には「抱き合わせ模様」という表現様式がある。この袱紗は中国の「登竜門」と「李白観瀑*」を同一画面に描いて、祝意を表現したもの。

*唐の詩人李白（りはく）が、廬山（ろざん）の滝を見て心打たれて立ち尽くしたという故事

端午の節供と鯉のぼり

端午の節供に鯉のぼりが立てられるようになったのは江戸中期頃といわれる。「登竜門（鯉の滝登り）」の故事にあやかり、男児の立身出世を願ったもので、武家だけでなく町方でも行われていた。

中国の黄河に竜門という激流で有名な場所があり、この竜門を登りきった鯉は竜になるといわれた。

麻萌黄地　**節供模様**　筒描 風呂敷

（あさもえぎじ　せっくもよう　つつがき　ふろしき）

64.5×60.0cm　江戸後期

菖蒲と蓬（よもぎ）は薬草として邪気を払い、疫病を除き、蛇や虫の毒を避けるのに効果があるとされ、奈良時代から端午の節供に用いられた。江戸時代には菖蒲は尚武・勝負に通じるとして、端午の節供に菖蒲刀を男子の生まれた家に贈る習慣もできた。

絽地　**菖蒲模様**　友禅 袱紗

（ろじ　しょうぶもよう　ゆうぜん　ふくさ）

68.0×62.5cm　江戸中期

端午の節供には柏餅や粽（ちまき）が供物として贈られる。5月5日から末日までは菖蒲帷子（あやめのかたびら）、菖蒲浴衣（あやめのゆかた）など、晒（さらし）布を藍に染めて着る風習があり、端午の供物に掛ける袱紗も、菖蒲を意匠とするものは藍地に染めるようになった。

麻地 菖蒲に蝶鳥模様 紅型 重掛

（あさじ しょうぶにちょうちょうもよう びんがた じゅうかけ）

94.0×72.0cm 昭和初期

近畿地方では沖縄紅型の二幅ものを珍品とし、重箱に掛ける重掛として使用した。紅型は沖縄（琉球）独自の染めもので、筒描・型紙で防染した後、多彩な色を差して染め上げる。

絽地　扇面に秋草模様　刺繍　袱紗
（ろじ　せんめんにあきくさもよう　ししゅう　ふくさ）

59.0×52.0cm　大正時代

酒井抱一（1761-1829）の原画を写した、夏季の進物に適した袱紗。中元贈答は明治期から広く流布したが、明治以前は8月1日の八朔*に贈答を行うことが多かった。

中元

中元は中国の道教の行事「三元（上元、中元、下元）」の一つで、旧暦7月15日（上元は1月15日、下元は10月15日）である。
道教では中元を贖罪の日として、一日中火を焚いて神を祝う盛大なお祭りが行われた。これが日本に伝わると、盂蘭盆会（うらぼんえ）の行事と結び付き、祖先の霊を供養し、お世話になった人に贈り物をするようになった。

*稲作収穫儀礼の一つで、主従、婚家と実家、近隣の間の贈答習慣

お盆

塩瀬地 放生亀図 描絵 袱紗

(しおぜじ　ほうじょうかめず　かきえ　ふくさ)

73.0×67.0cm　江戸後期

放たれた亀を描き、放生会（ほうじょうえ）を表象している。放生会とは捕獲した魚や鳥獣を放し、殺生を戒める宗教儀式で八幡宮が著名。佐伯岸岱（がんたい／1782-1865）の絵を写したこの袱紗は、寺院への進物など盂蘭盆会（お盆）の贈答に適している。

塩瀬地 **蓮に経巻・如意模様** 染繍 袱紗
（しおぜじ　はすにきょうかんにょいもよう　せんしゅう　ふくさ）

68.5×66.0cm　大正2年

釈迦が誕生したとき、蓮の花が一斉に開いたという故事から、仏教徒は来世では蓮の上で仏として生まれ変わることを祈念する。よって蓮の花は仏教関連の模様として使われ、一般の調度品にはほとんど見られない。如意とは、法会（ほうえ）などで僧侶が手にして威厳をただすのに用いる儀式用具である。

塩瀬地　蓮に経巻・払子模様　染繍　袱紗
（しおぜじ　はすにきょうかんほっすもよう　せんしゅう　ふくさ）
68.2×66.0cm　大正2年

払子は、獣毛、綿、麻、樹皮などを束ねて柄をつけたもので、殺生を禁じられている僧侶が説法の際に、蝿を追い払うために使うもの。後に転じて煩悩を払う力を持つ仏具となった。この袱紗は、如意模様の袱紗と一組で、お盆の贈答に使用する。

重陽の節供

重陽の節供

中国では陰陽説による陽数（奇数）の極みである九が二つ重なる九月九日を、重陽の節供として祝う風習があった。この日は菊の花を飾り、菊酒を飲んで家族の長寿を祈り、小高い丘や山に登り（登高）、茱萸*（しゅゆ）の実を入れた袋を身につけて、邪気を払ったとされる。

日本では平安時代の初期には宮中の儀礼として「観菊の宴」が催され、盃に菊の花を浮かべた菊酒を飲むほか、前の晩から菊にかぶせて露で湿らせた真綿（着せ綿）で身体を拭いて清め、長寿を祈願した。

繻子地　菊慈童模様　刺繍　袱紗

（しゅすじ　きくじどうもよう　ししゅう　ふくさ）

81.9×74.6cm　江戸後期

菊花に囲まれて、おだやかな顔つきで座る菊慈童を描いた袱紗。菊慈童は不老長寿を祝う意図をもつことから、この袱紗は重陽の節供以外にも、賀の祝、誕生祝など、年少者から長老への進物時にも使用される。

*和名は「かわはじかみ」。香りが高く、邪気や悪気を払うといわれる

縮緬地　菊に波模様　染繡　袱紗

（ちりめんじ　きくになみもよう　せんしゅう　ふくさ）

86.8×80.1cm　江戸後期

小袖の模様かと思わせるこの袱紗は、紅白の菊を刺繡と防染によって表している。独立した製作意図をもって加工されるようになるまで、袱紗には小袖模様と類似したものも存在し、また小袖裂をそのまま袱紗に転用することもあった。

秋の祝儀

繻子地 紅葉に大太鼓模様 刺繡 袱紗
(しゅすじ　もみじにおおだいこもよう　ししゅう　ふくさ)

76.5×70.5cm　江戸後期

紅葉は秋期で、大太鼓は宮中では天皇即位式以外には用いないので御大典記念を表現した袱紗。天皇即位の慶賀袱紗として制作されたものと思われる。秋の叙勲祝や、10月の初亥の日に行う収穫祭「亥の子節供」の贈答に適する。

年末

繻子地 鷹模様 刺繍 袱紗

（しゅすじ　たかもよう　ししゅう　ふくさ）

77.4×71.4cm　江戸後期

「鷹狩」は飼いならした鷹を放って、野鳥を捕らえる狩猟法で、明治時代まで公家や武家に連綿として伝えられてきた。鷹狩の最適期は旧暦11月で、これを「大鷹狩」といい、秋猟を「小鷹狩」という。鷹狩で捕えた鳥は進物にも供され、鷹の絵を添えて年末年始の贈答とした。

四季兼用

塩瀬地 雪月花模様 染繍 袱紗

（しおぜじ　せつげつかもよう　せんしゅう　ふくさ）

71.0×62.0cm　明治中期

清少納言を雪、紫式部を月、小野小町を花に見立て、短冊、色紙を添えて和歌を詠むところを表現している。描かれた情景から三人が詠んだ和歌を考えさせようとする製作者の意図が込められる。「雪月花」は季節の循環を意味し、自然美を象徴する素材として親しまれてきた。

寿

緞子地 四季草花寿文字入 刺繍 袱紗

（どんすじ しきそうかことぶきもじいり ししゅう ふくさ）

78.0×72.2cm　江戸後期

タンポポと桜で春、牡丹と葵で夏、撫子（なでしこ）と橘、菊で秋を描き、束熨斗（たばねのし）を船体、桧扇（ひおうぎ）を帆にして寿文字を乗せた宝船で新年を見立てている。正月、節分、春秋彼岸、盆、歳暮、五節供、氏神祭礼等いずれにも使用できる。

四季兼用袱紗

一定の季のみを表す専用袱紗は、季の表現において強い訴求力を発揮するが、年間を通じで使用することはできない。四季を通じて使える袱紗があれば、時季を選ぶことなく用いることができ便利である。
こうした考えから、五節供を一枚の袱紗に表現したり、雪月花模様や季節の花尽くし模様の袱紗が創作された。
贈答儀礼において季の専用袱紗は、江戸時代前期の「興福院*（こんぶいん）袱紗」のように進物につけて袱紗ごと贈ることもあったが、兼用袱紗は袱紗を受納者から贈与者に返却することを予測して製作された。

*奈良市法蓮町にある浄土宗の尼寺。徳川綱吉の側室、瑞春院が寄進した31枚の刺繍袱紗を所蔵する

壁織地 節供模様 描絵 袱紗

（かべおりじ　せっくもよう　かきえ　ふくさ）

81.0×68.0　江戸後期

髭篭*（ひげこ）に入れた春の七草で人日を表し、根引松は正月初子（ね）の日を。桃花と盃は上巳、中央のツツジを飾った三股は端午の節供。蹴鞠と梶の葉は七夕、菊を挿した赤い袋は茱萸(しゅゆ)の実が入り重陽の節供を表している。岡岷山（みんざん/1713-1806）の描絵。

*竹で作った篭の編み余りの端が髭のように残っているもの。旬の進物に使用する

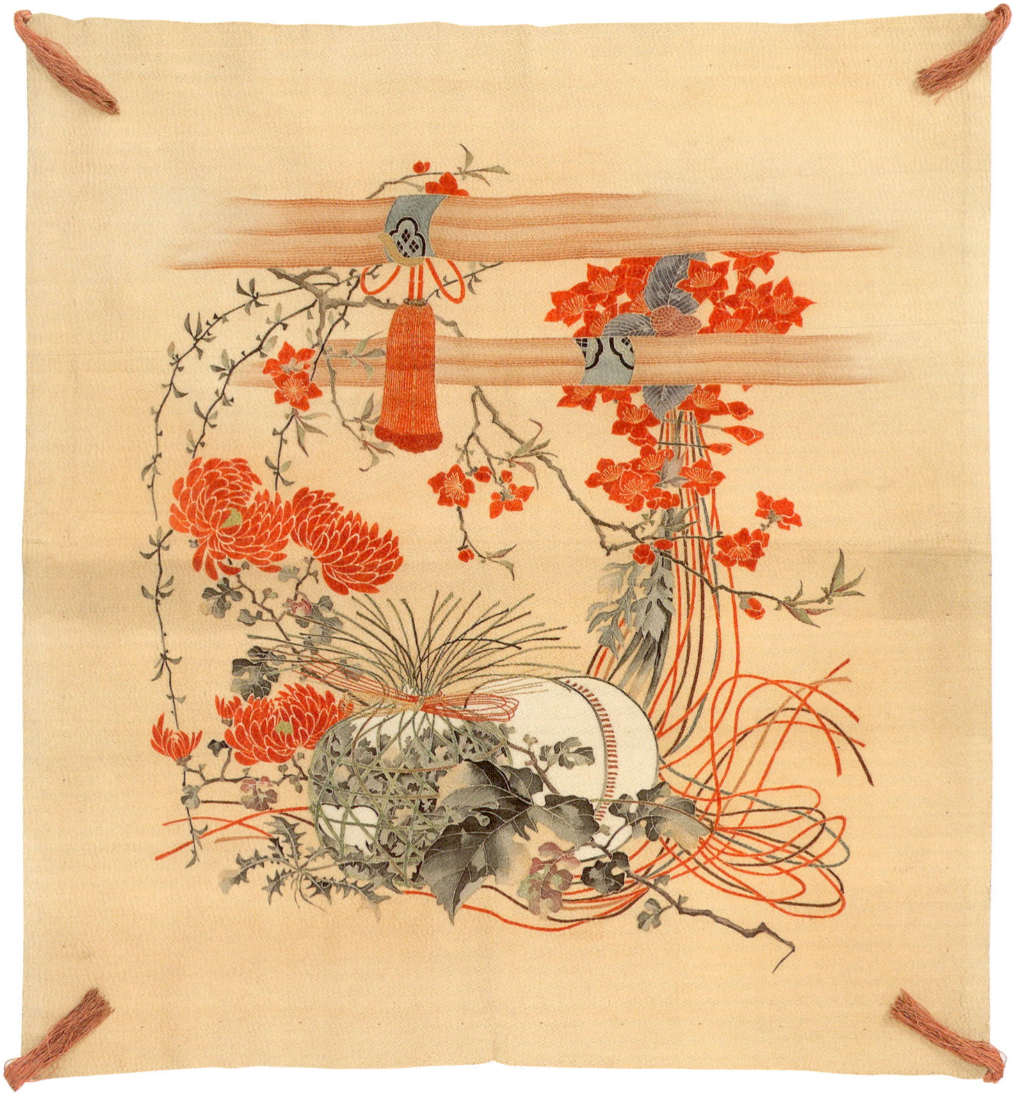

壁織地 五節供模様 友禅 袱紗
（かべおりじ　ごせっくもよう　ゆうぜん　ふくさ）

68.0×65.5cm　明治前期

五節供には食物の贈与交換が行われ、これに用いる袱紗も節供に合わせてデザインされた５枚１組のものを用意していた。しかし経費の面や、使用回数が少ないこともあって、やがて一枚の袱紗に五節供模様を描いて用いるようになった。

紋章入り袱紗・風呂敷

紋章とは家の目印を図案化したもので、
家系や家柄を表している。
紋章の種類は約２万種あるといわれるが、
基本形は約４００種あまり。
多くは花など植物をモチーフにしたもので、
その洗練されたデザインには目をみはる。

綴錦地 **丸に揚羽蝶紋** 袱紗
（つづれにしきじ　まるにあげはちょうもん　ふくさ）

76.5×68.2cm　江戸後期

蝶は昆虫の中でもひと際美しく可憐なため、鎌倉時代から室町時代には衣服調度に盛んに利用され、やがて紋章としても定着した。江戸前期には大名、旗本で約300家が蝶紋を使用し、本家、分家は、足の数、羽の模様・輪郭・姿態で区別された。

結納床飾り

床の間には、部屋の右側にある陽の床と、部屋の左側にある陰の床がある。陽の床の結納飾りは右から左に松竹梅、鶴亀の順に並ぶが、これは陰の床なので左から右に並べられている。袱紗の内は、広蓋（ひろぶた）の上に片木（へぎ）を載せ、親族書、家族書、結納目録が順に積み上げてある。

【蝶紋】

揚羽蝶

糸輪に覗き揚羽蝶

対い蝶

繻子地 撫子紋 刺繍 袱紗
（しゅすじ　なでしこもん　ししゅう　ふくさ）

90.5×71.7cm　明治時代

撫子は秋の七草の一つで、「大和撫子（やまとなでしこ）」と「石竹（からなでしこ）」の２種がある。撫子紋は、その花の姿の優雅さや、淡桃色が可憐なことから純真な乙女を表している。戦国武将、美濃の斎藤道三の撫子紋は有名である。

【撫子紋】

撫子

江戸撫子

糸輪覗き江戸撫子

山口家撫子

繻子地　唐草に三ツ蔓葵の丸紋　刺繍　袱紗

（しゅすじ　からくさにみつつるあおいのまるもん　ししゅう　ふくさ）

72.2×65.5cm　江戸後期

葵紋の中でも二葉葵は京都加茂社の神紋で、別名加茂葵といい、祭礼神事には必ず二葉葵を用いたことから、葵祭の名称も生まれた。戦国時代には、三河の豪族松平、本多をはじめとする一円の諸氏が葵紋を用いるようになった。

縮緬地　唐草に三葉葵紋　刺繍　袱紗

（ちりめんじ　からくさにみつばあおいもん　ししゅう　ふくさ）

98.8×89.7cm　江戸中期

三河松平家の出である徳川家康は、将軍職になると「三葉葵紋」を一門の家紋として独占するようになる。松平の名字は他諸氏にも与えたが、家紋は決して他家に許さなかった。松平諸家も将軍家への遠慮から他の紋章に改めたという。

【葵紋】

花附二葉葵

右離れ立葵

徳川家三ツ葵

中陰尻合わせ三ツ葵

〈裏〉

縮緬地 梅に細輪三ツ星紋 刺繍 袱紗

（ちりめんじ　うめにほそわみつぼしもん　ししゅう　ふくさ）

81.0×65.5cm　江戸後期

三ツ星とは、オリオン座の真ん中に位置する三星のことで、大将軍星、左将軍星、右将軍星を示す。中国では古くより武神として信仰を集めた。梅花は能の演目「箙（えびら）」に因み、出陣に際し源氏の若武者が箙（矢の入れ物）に挿した梅一枝を表現したもの。

【三つ星紋】

三ツ星

渡辺星

丸に三ツ星

剣三ツ星

紋章のなりたち

紋章の起源は平安時代まで遡り、公家が牛車や調度品に独自の文様を付けたのが始まりとされる。やがてそれが定型化し、他家と区別する家紋として定着していった。

紋章を発展させたのは公家に替わって台頭してきた武家である。戦場において敵味方を識別し、自分の戦功を正しく認知してもらい、後日恩賞にあずかるために、武具や笠、旗、幕、幟などに固有の目印を付ける必要が生じた。このような武家紋章は、鎌倉時代以降の相次ぐ戦乱により、急速な発展をとげたのである。

江戸時代になり、世の中が平和になると武家階級間に戦闘はなくなり、紋章は儀式の装飾や権威の象徴のために用いられた。もっぱら家系や家格を表し、意匠的にも洗練されたものとなった。左右や上下対称になった家紋や、丸で囲んだ家紋が増え始めたのはこの時期と考えられている。

苗字を持たない一般庶民は屋号を称号とし、商標などを表す記号図形を家の印としていた。

明治になると、「平民苗字許可令」「平民苗字必称義務令」が相次いで出され、国民はすべて公的に苗字を持つようになった。これを機会に平民の苗字創出が全国規模で行われ、それとともに紋章入り袱紗や風呂敷が増加することになる。

明治期の家父長制度とも相まって、「家」を表現する家紋は様々な生活用具に付けられ、とくに儀礼時に使用する道具や衣服、贈答時に使用される広蓋、袱紗、風呂敷、重箱などに紋章を付けることが流行し、普及していった。

また、これまでは夫婦別姓で紋章の継承法も5種類程あったが、明治31年の民法戸籍法で妻は嫁いだ家の姓を名乗ることになり、これによって紋章の継承にも変化が起こった。

すなわち従来通り、結婚して苗字が変わっても生家の母の紋章を受け継ぐ「母系紋継承（主に関西圏）」と、苗字が変われば家紋も変わる「父系紋継承」の二通りの継承方法をとることになった。

紋章の継承

父系紋継承

■男性 ■女性

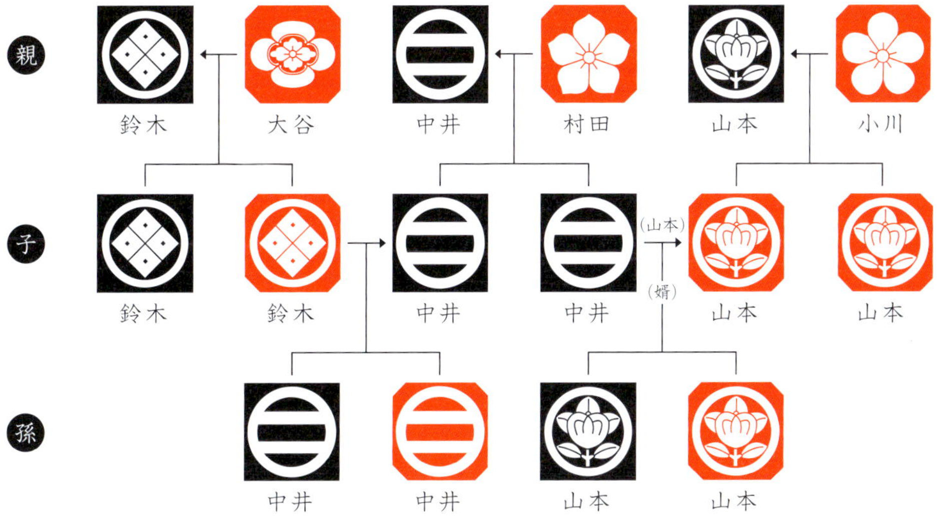

＊男子の苗字と定紋は変化しない。
＊母系紋継承はされない。
＊婿入婚は男子の苗字と定紋は継承されない。

母系紋継承（関西）

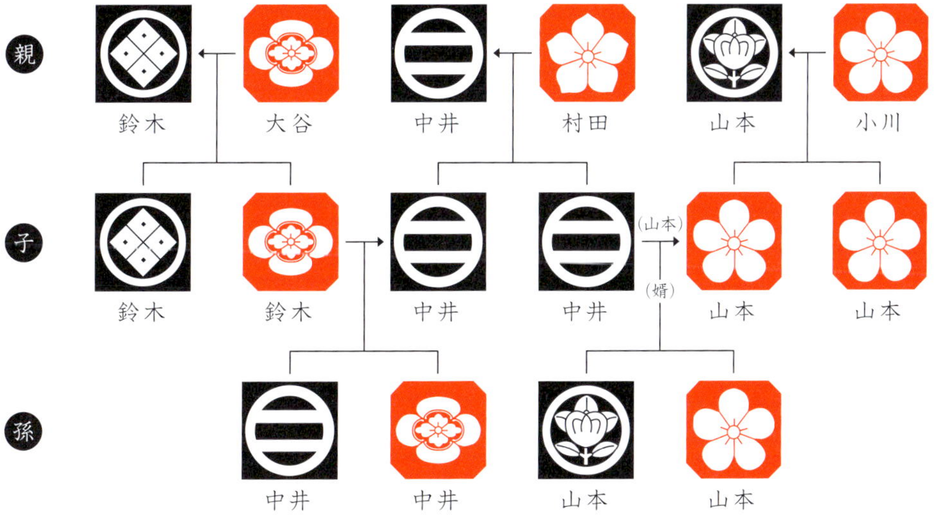

＊男子の苗字と定紋は変化しない。
＊女性は婚礼により苗字が変わっても定紋は変化しない。
＊婿入婚は男子の苗字と定紋は継承されない。

絽地 桐紋 絞 袱紗

（ろじ　きりもん　しぼり　ふくさ）

62.0×61.0cm　江戸後期

5個、7個、6個の桐花と、5本の葉脈の桐葉で表現した、左右対称にもこだわらず伸びやかな雰囲気の桐紋。中国では鳳凰は梧桐（あおぎり）に住み、鳳凰が現れるときは聖王（聖徳ある君子）が出るとされた。桐紋は鎌倉時代に、皇室の紋章として使用されるようになった。

天鵞絨地 三ツ割桐紋 袱紗

（びろーどじ　みつわりきりもん　ふくさ）

64.0×62.2cm　江戸後期

鎌倉末期に足利尊氏が後醍醐天皇から、桃山時代には豊臣秀吉が皇室から勅許されたところから、桐紋は武将の憧憬的な存在となった。江戸徳川家は葵紋だが、時代を経て武家や町人が桐紋を様々に変化させ、自由に使用するようになる。この袱紗もその一例である。

【桐紋】

五三桐

惣陰五三桐

割桐

三ツ割桐

繻子地 唐草に桐・唐撫子紋 刺繍 袱紗
（しゅすじ　からくさにきりからなでしこもん　ししゅう　ふくさ）

72.5×65.0cm　明治前期

明治になり国民全員が公的に名字を持つようになると、紋章の創作も盛んとなり桐紋も濫用された。下賜、勅許、認可などで桐紋を使用していた家系では、先祖伝来の家紋も併用し、その家系を誇った。この袱紗も「上田家陰桐」を斜め取りに3個、「捻ぢ唐撫子紋」を2個配している。

五七桐

五三の鬼桐

日向光琳桐

糸輪に覗き桐

綸子地　丸に酢漿草紋　絞繍　袱紗
（りんずじ　まるにかたばみもん　こうしゅう　ふくさ）

139.4×126.8cm　江戸前期

酢漿草は、かたばみ科の多年生植物で、ハート形の三枚葉が柄につき、春から秋にかけて黄色い小花が咲く。この袱紗は中央に半幅の生地を継ぎ足しているところから、夜着*（よぎ）を袱紗に仕立て直したものと思われる。

＊寝るときに上にかける寝具、または綿入れの着物の大形のもの

【かたばみ紋】

劔片喰

片喰

丸に劔片喰

中陰劔片喰

繻子地 三つ横見梅紋斜取松竹模様 刺繍 袱紗

（しゅすじ　みつよこみうめもんななめどりしょうちくもよう　ししゅう　ふくさ）

90.0×71.5cm　江戸後期

家紋の梅に松と竹を添えて松竹梅模様としている。梅紋には写実的な「梅花紋」と、図案化した「梅鉢紋」があるが、いずれにしろ家紋に梅紋を用いるのは天神信仰と関係が深い。菅原道真（天神様）を祀った天満宮の神紋は梅鉢紋であることから、菅原姓で天神信仰を持つ家や、道真を崇敬する氏族は梅紋を用いた。

【梅紋】

梅鉢

中陰捻梅

三割梅

加賀前田家梅鉢

中国では鳳凰は竹の実を食べるとされ、竹は慶寿の植物であった。また短期間に次々に成長し、幹が中空であることから神性があると信じられていた。唐草は四方八方に伸びることから家門の繁栄を表している。

呉絽福林地 唐草丸に九枚笹紋 刺繍 袱紗
（ごろふくりんじ　からくさまるにくまいざさもん　ししゅう　ふくさ）

63.3×63.0cm　江戸後期

型紙で四隅に梅枝を入れ、御所車紋は筒描にして染め上げている。人口増加にともない風呂敷の需要もたかまった時期、生産効率を上げるために型紙と筒描を併用する工夫がされた。梅は「生め」に通じ、婚礼衣装などを包んだと推測される。

木綿地 四隅梅枝 型染・定紋中付 筒描 風呂敷
（もめんじ　よすみばいし　かたぞめ　じょうもんなかづけ　つつがき　ふろしき）

107.5×96.5cm　昭和初期

「熨斗の丸に違い鷹の羽紋」を中央に斜め付けにしている。そのため背負運搬時には背中正面に定紋が上下方向に表出し、遠目にも目だつようになっている。本品は出雲地方の祝風呂敷で、婚儀または弔事に紋服などの衣料を包んだ。

木綿地 **市松・麻の葉隅付模様 定紋中付** 筒描 風呂敷
（もめんじ　いちまつあさのはすみづけもよう　じょうもんなかづけ　つつがき　ふろしき）

146.0×126.5cm　大正時代

模様も構図も祝風呂敷として最も典型的な風呂敷。式服などの衣裳を平包みにしたとき、表に「丸に五三の桐紋」が表出する。竹は衣裳を置く位置の目安となる。島根県無形文化財、長田圭弘氏の作品。

木綿地 **斜取松竹梅鶴亀模様 定紋隅付** 筒描染分 風呂敷
（もめんじ　ななめどりしょうちくばいつるかめもよう　じょうもんすみつけ　つつがきそめわけ　ふろしき）

140.0×129.0cm　昭和43年

木綿地 宝尽模様 定紋 筒描 重掛
（もめんじ　たからづくしもよう　じょうもん　つつがき　じゅうかけ）

73.8×71.5cm　明治時代

通常、木綿製の覆い布は重掛と称し袱紗とは言わない。庶民が重箱に掛けて用いたことからの呼称である。右下隅の「丸に桔梗紋」が上下方向に付けられていることが、重掛であることを示している。同じ木綿の布でも風呂敷は、紋が対角線上に斜め付けされる。

京町家と風呂敷包み

——基本の包み方

風呂敷は包むものの形に即してその姿を変え、
どんな形でも見事に包み込む。
さらに贈答の包みから、運搬・収納の包みまで、
用途もいろいろ。
京町家に置かれた風呂敷包みから、
基本の包み方をマスターする。

平安神宮に友だちと初詣。

縁起物の破魔矢と干支の絵馬を買い、

着物姿を見てもらいたくて祖父母の待つ町家の隠居所へ。

ひっぱり床机の上にお土産の包みを置き、きものを調えて引き戸に手をかけると、

奥から「来た、来た」と声が聞こえてくる。嬉し恥ずかしのひとときき。

絹紬地 梅枝模様 京鹿の子絞り 風呂敷（90cm幅）・隠し包み

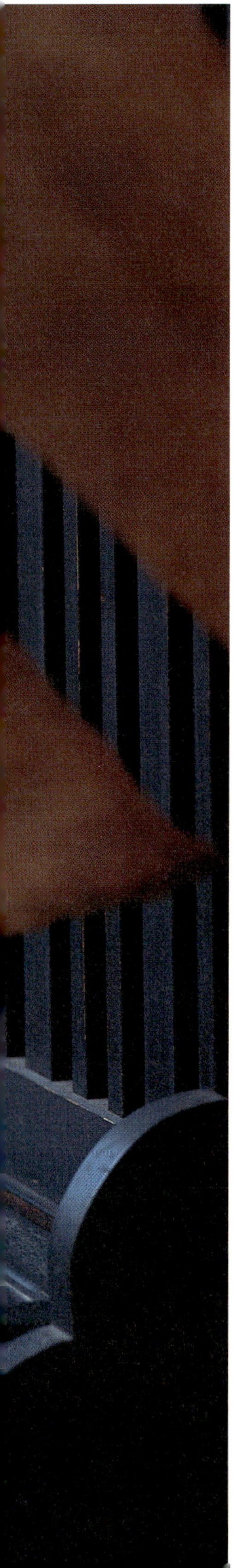

隠し包み

結び目を見せない外観が、平包みのように見える包み方。平包みでは少し心配な、重みのある品を包むときに適している。対角線の両隅を結び、結んでいない隅の一方を結び目の下をくぐらせる。残った隅は結び目の上を覆って包み込む。

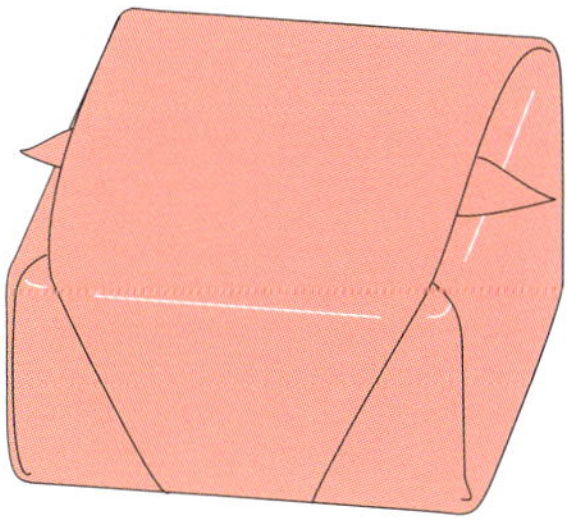

1

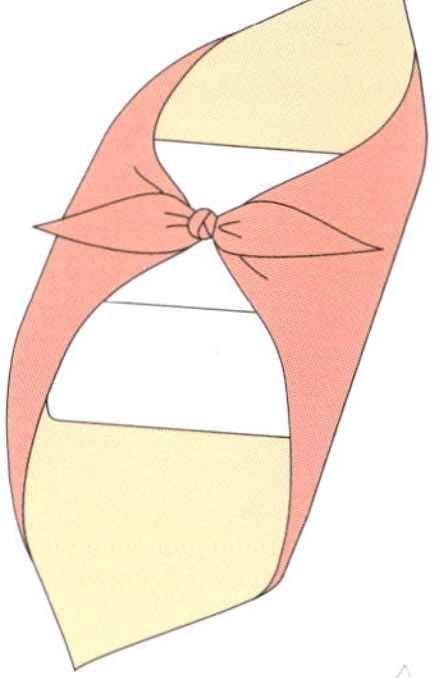

2

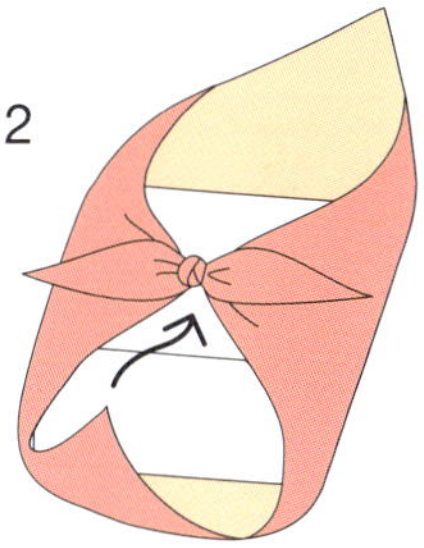

3

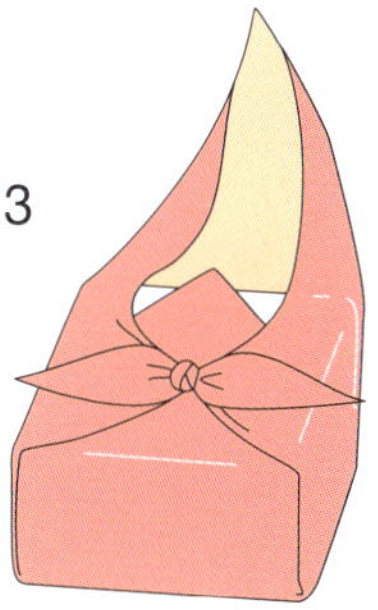

4

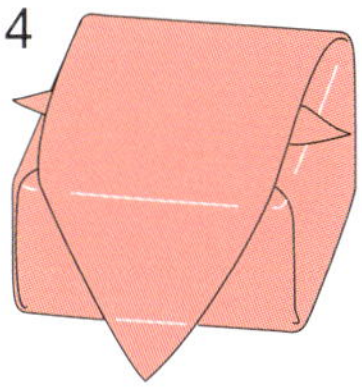

木綿地 スヌーピー模様 友禅 風呂敷（90cm幅）・ひっかけ結び

ひっかけ結び

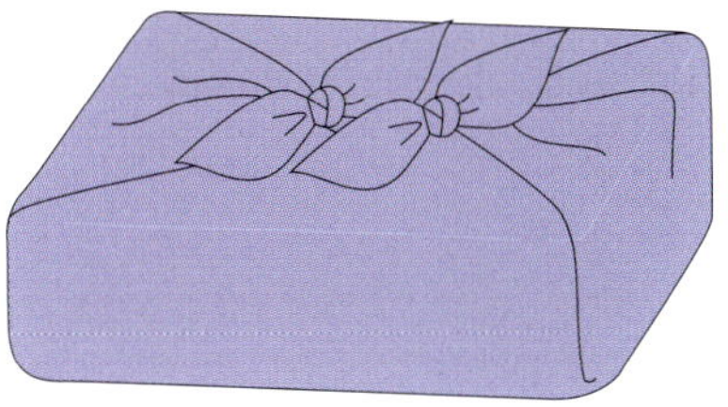

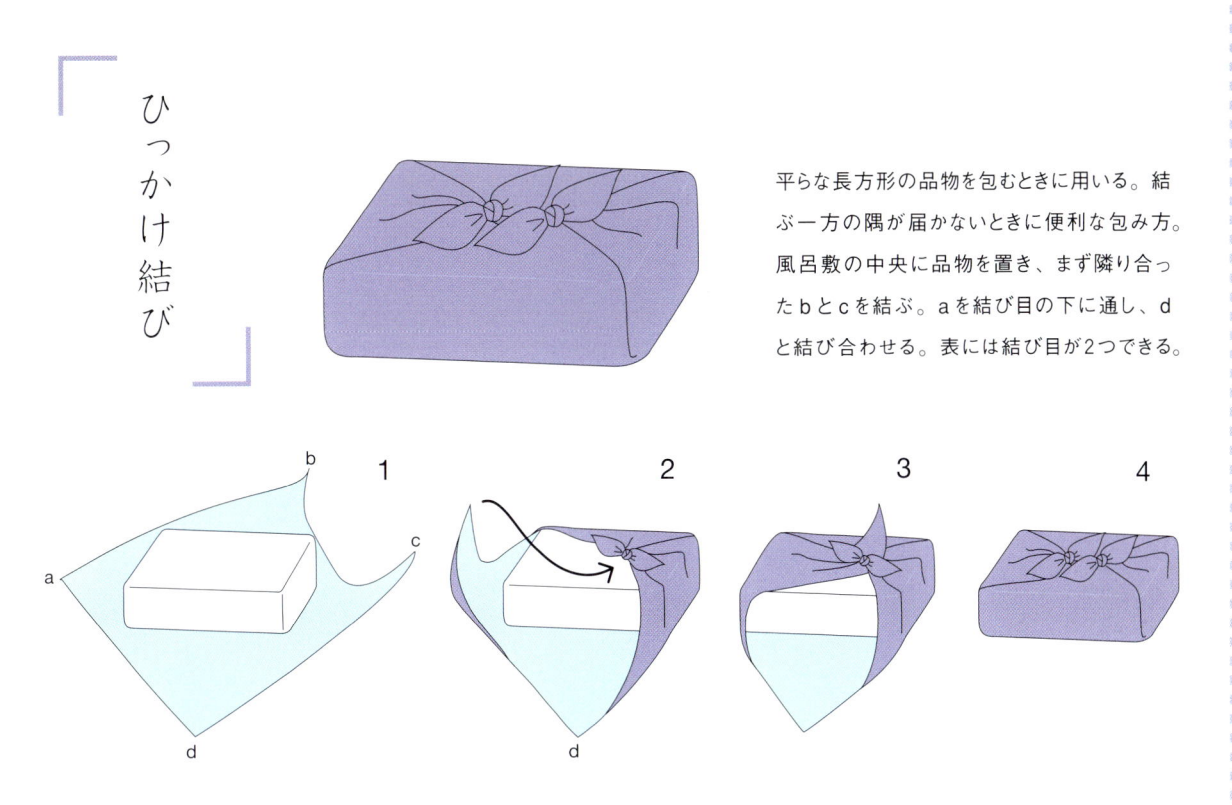

平らな長方形の品物を包むときに用いる。結ぶ一方の隅が届かないときに便利な包み方。風呂敷の中央に品物を置き、まず隣り合ったbとcを結ぶ。aを結び目の下に通し、dと結び合わせる。表には結び目が2つできる。

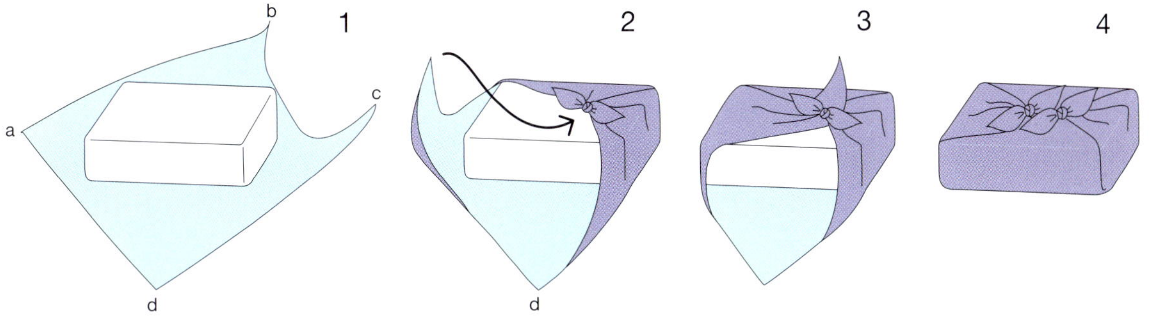

今日の授業は国語と図工だけ。午後は友だちと野球だ。

通りから、呼びに来た仲間の声が聞こえる。

急いで出ようとしたら、グローブを忘れてた。

お母さんが包んでくれた画板と、中身は昨日のままのランドセルを縁側に放り出して、

二階へ取りに戻る。

スヌーピーの風呂敷もあきれ顔、勉強などしている暇はない、元気で忙しい小学三年生。

木綿地 風通* 縞 風呂敷（120cm幅）・巻き結び

今年も祇園歌舞練場で「都をどり」が始まる。
春の一日、知人から頼まれた団体入場券のことで昔の傍輩を訪ねる。
入場券とポスターをもらい、ポスターは風呂敷に包んで持ち帰る。
二階できものを着替える間、風呂敷包みは格子戸に立てかけられ、
ひいき筋のお茶屋が配った団扇が見守っている、京のしもたや。

「巻き結び」

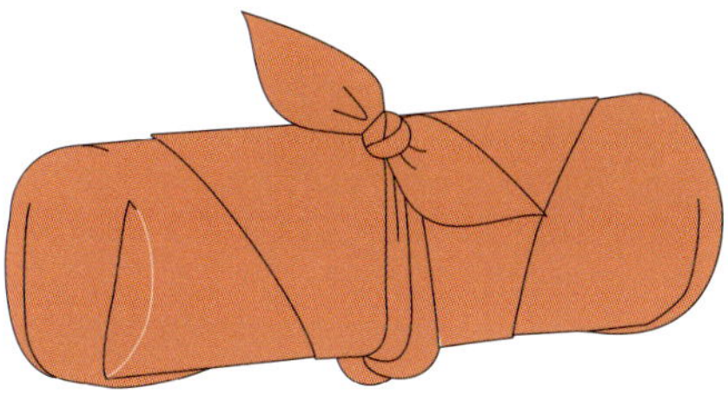

茶筒や瓶、反物など円筒形のものを包むのに便利な包み方。品物を図のように巻き込み、2隅を中央でねじり、裏に廻してしっかり結ぶ。

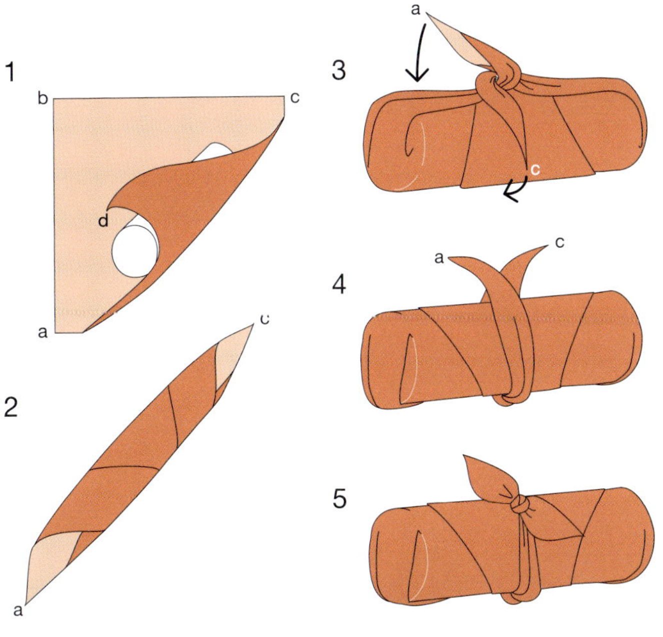

＊西陣織の一種。文様の部分で表裏の糸が反対になるように織られ、表と裏の間に袋状の空間が出来る二重織物

息子も世帯を持ち、孫たちも大きくなった。
最近では、以前ほど祖父母が住む町家には帰ってこない。
それでも祖父は、端午の節供には床の間に甲を飾り、
二本の掛軸をどちらにしようか思案中。
藍縞の二つ結びは「菖蒲と蓬の図」、
解かれた荒磯文様には「鯉の滝登り」が納まっている。
軸箱を包んだ風呂敷の柄を見れば、ほどかなくとも中身は一目瞭然。

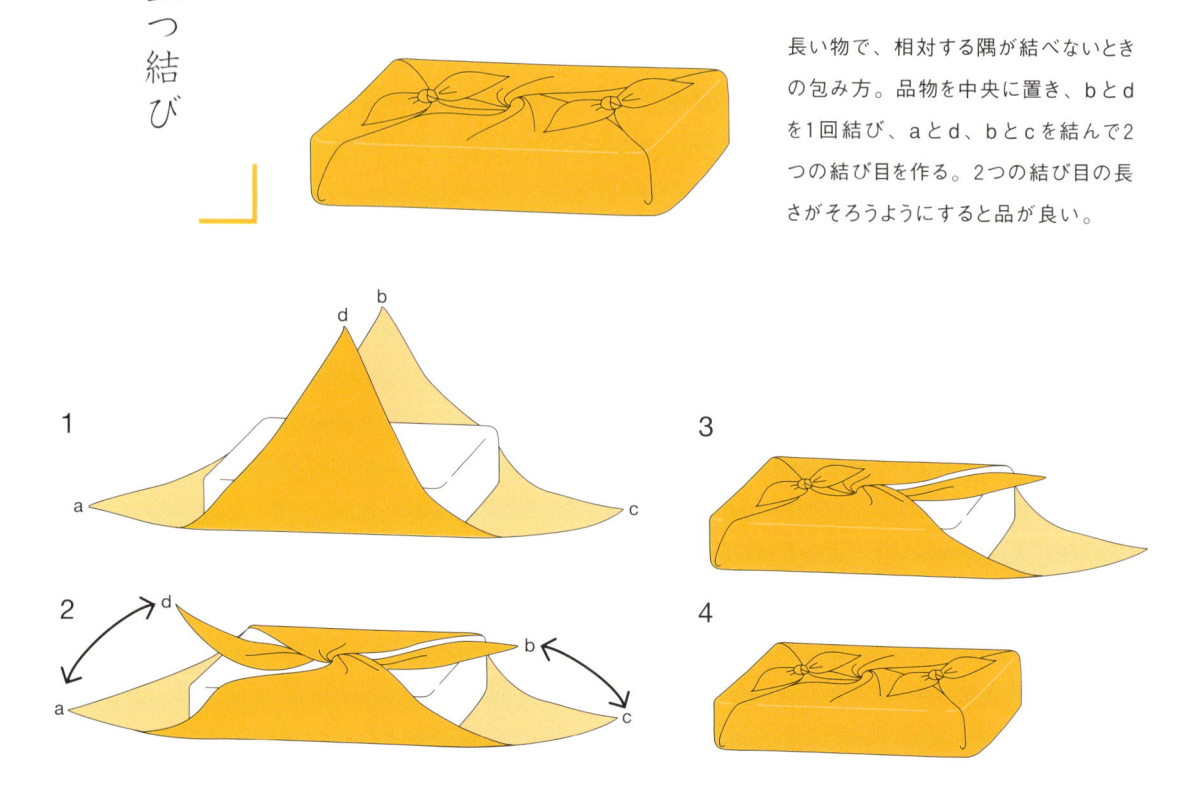

二つ結び

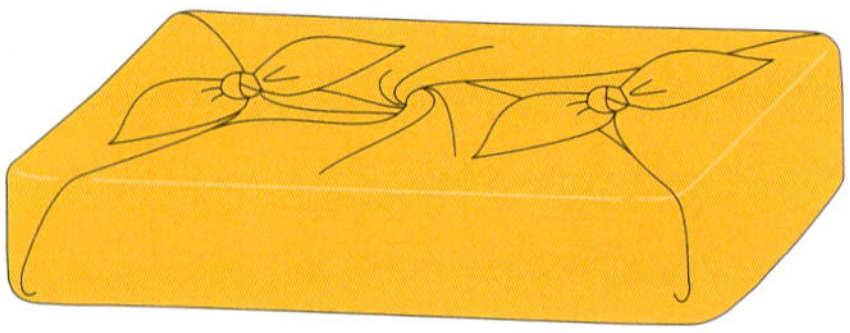

長い物で、相対する隅が結べないときの包み方。品物を中央に置き、bとdを1回結び、aとd、bとcを結んで2つの結び目を作る。2つの結び目の長さがそろうようにすると品が良い。

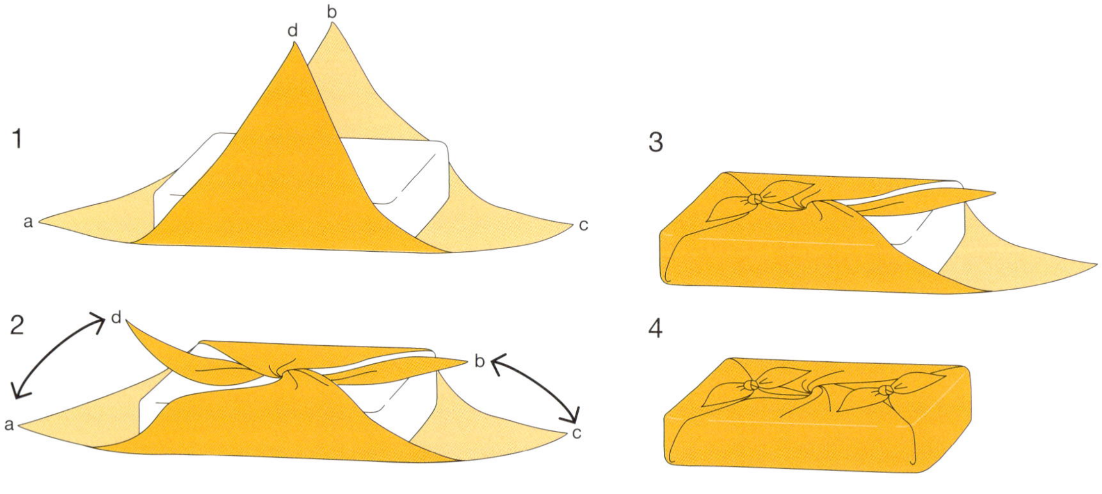

木綿 風通 縞 風呂敷（120cm幅）・二つ結び／木綿 風通 荒磯 風呂敷（120cm幅）

絹 栃尾紬 染分け桶絞り 風呂敷（106cm幅）・瓶包み

祇園祭巡行の山飾りも仕上がり、
町内の若衆が祖父母を訪ねてやってきた。
祖母は細長いタタキを行ったり来たりしながら、
おくどさんと炊事場が並ぶ台所で酒肴の用意。
なじみの仕出し屋から鯖寿司が届けられ、
伏見の銘酒は町席*へ奉納するため風呂敷で包まれている。

瓶包み

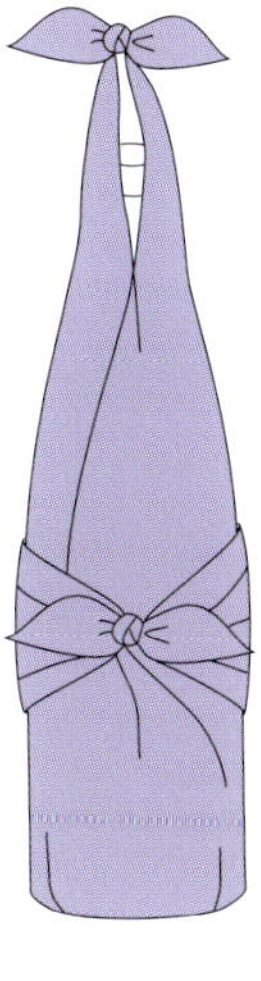

瓶の口から中身が流れ出さないように、瓶を立てた状態で包む方法。瓶を中央に置き、相対する隅を瓶の上で結ぶ。残った両端を交差させて、前で結び目を作る。

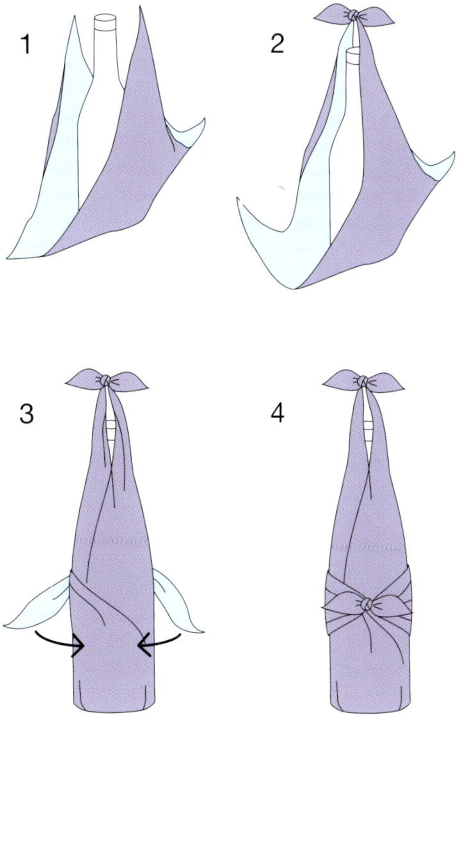

*町内の寄合所

「すいか包み」

球形のものを包むときに便利。中央に品物を置き、隣り合った端を結ぶ。一方の結び目にもう一方の結び目をくぐらせて引っ張る。

地蔵盆に寄り集う子どもたちに食べさせようと、
祖母が大きな西瓜包みを汗を拭き拭き持ち帰ってきた。
北山から地下水系を通ってくる井戸水は、
1年中15℃を保ち、冬温かく夏は冷たい。
金網篭には京野菜とビールがすでに入れてある。
4～5時間も冷やしておけば西瓜も食べ頃となる。
いつの時代も、子どもたちは線香花火と西瓜が大好き。

絹絽縮緬 朝顔の図 友禅風呂敷（70cm幅）・すいか包み

白山紬 家紋入 引染 風呂敷(90cm幅)・平包み

秋分には多くの寺院で檀家累代の祖霊のために追善法要が営まれ、
檀家の当主が、思い思いにお供物を持参して寄り集い、お念仏を唱和する。
祖霊や死霊に供えるお供物は、広蓋に乗せ、仏事袱紗を掛け、
白・鼠・黒地のいずれかで染めた内包みと家紋入外包みで包んで寄進される。

「平包み」

風呂敷を結ばないで包む、最もフォーマルな包み方。まず手前から向こう側にかぶせ、左、右の順にかぶせていく。最後に向こう側から手前にかぶせ、端を折り込む。

1

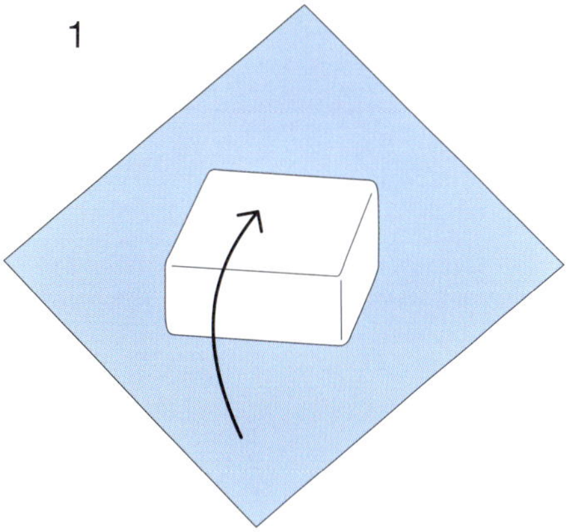

2

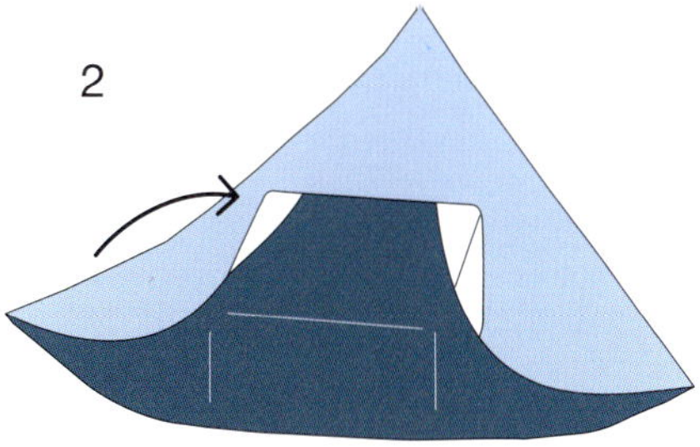

3

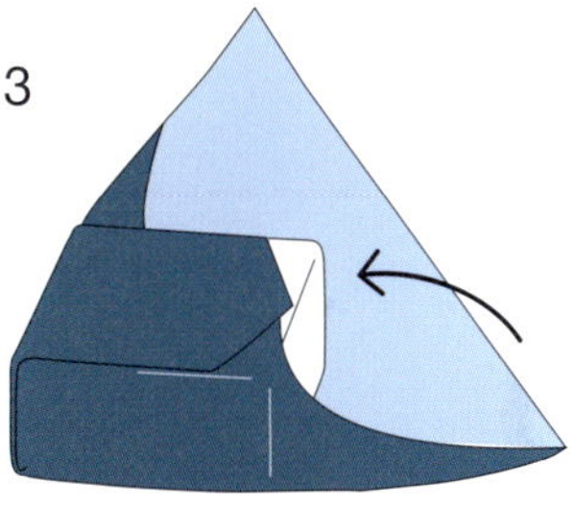

4

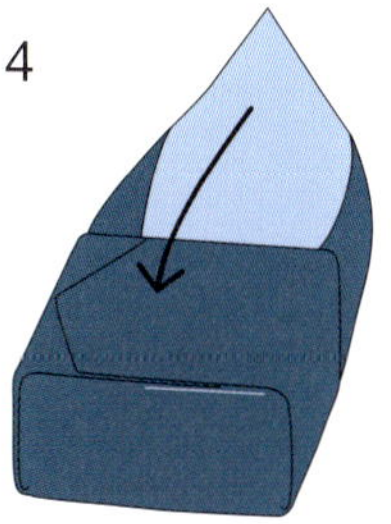

5

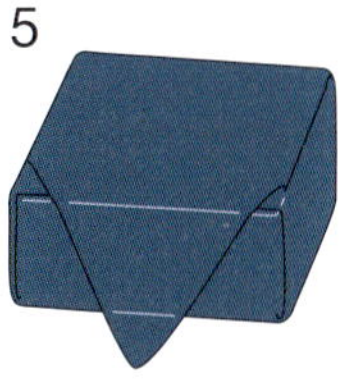

祖父が珍しく朝から蔵に入ってガサゴソやっていると思ったら、
昼前になって大きな風呂敷包みを持ち出して来た。
五日後に新茶の口切りをしてお茶事をするという。
祖父の仕事は茶事が終わるまで。後片付け役の祖母は、
「せんでもええのにウチの仕事ばっかり増やさはって、かなんわ」と諦め顔。

お使い包み

四角い物を包む最も一般的な方法。中央に品物を置き、手前と向こう側の隅をかぶせて相対する隅を結ぶ。このとき、風呂敷の辺を内側に引き込むようにすると品物の形にそって美しく包むことができる。

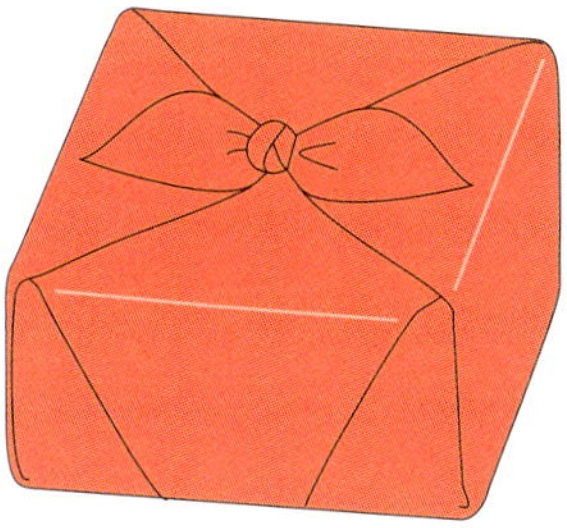

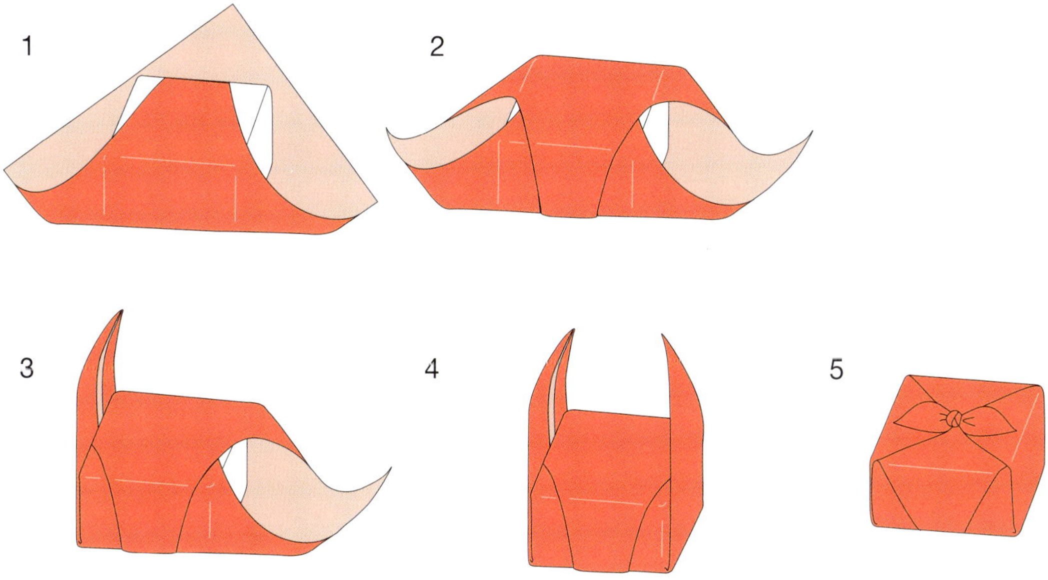

左から：木綿 金剛間道（写）風呂敷（120cm幅）／木綿 鶴ヶ丘間道（写）風呂敷（120cm幅）／
木綿 吉野格子 風呂敷（120cm幅）・すべてお使い包み

お使い包み（四隅結び）

お使い包みの応用編。しっかり結べば重い物でも十分運べる。中央に品物を置き、まずaとcをしっかり結ぶ。その結び目の上で、bとdを結ぶ。

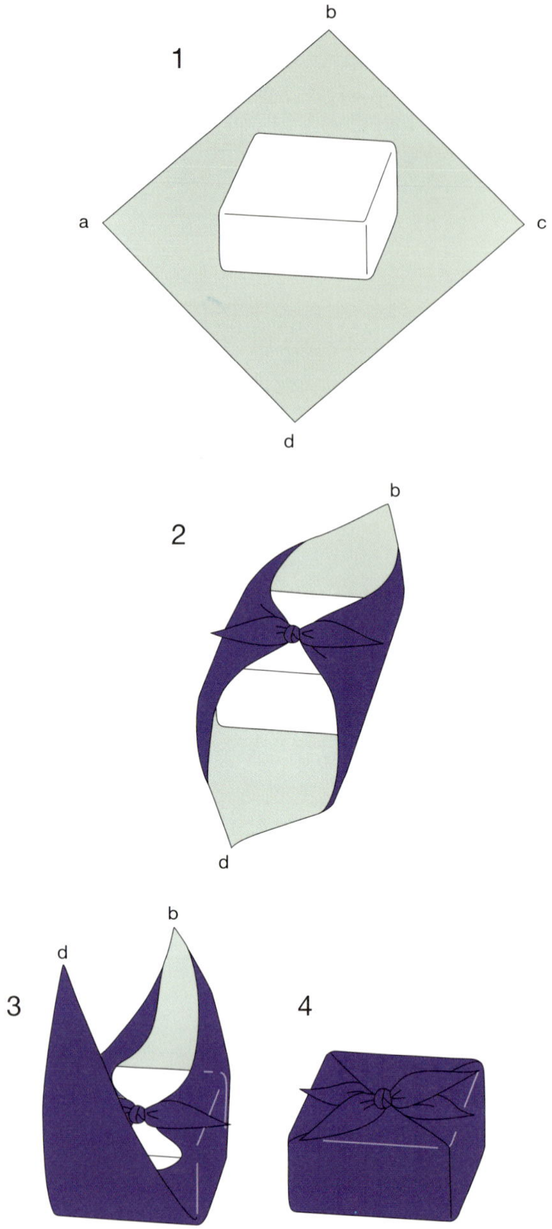

師走も下旬、関係先への歳暮行事も終わって、一息ついたと思ったら年末の大掃除。

今日は、休日を利用して息子と嫁が手伝いに来てくれた。

夏の大掃除から溜まった不要なものはゴミ袋に入れ、

男たちは神棚、仏壇、床飾りをし、玄関には門松と注連縄を引き渡す。

押し入れ、炊事場、水屋など下廻りは女たちが。

時には階段タンスの敷板の下から、へそくりが出てくることも……。

嫁は口止め料をもらい、思わずにっこり。

上段上：木綿地 世界大風呂敷展記念 風呂敷（70cm幅）・平包／下：木綿地 唐草模様 風呂敷（105cm幅）・平包
下段左から：木綿地 市松取小紋模様 友禅 風呂敷（90cm幅）・お使い包み／木綿地 小紋 両面染 風呂敷（90cm幅）・お使い包み（四隅結び）／
木綿地 小紋 両面染 風呂敷（50cm幅）・お使い包み／木綿地 鳥蝶模様 友禅 風呂敷（136cm幅）・お使い包み（四隅結び）

慶・弔包み

風呂敷や包み袱紗を使って贈り物をするとき、お祝いの場合は平包みで右包みとし、香典や弔用供物は左包みにする。
こうした包み方の作法は、奈良時代にそれまでの左袵*（さじん）の風習を禁じ、唐風の右袵（うじん）に改めたことに起因する。
右袵が一般化すると左袵は縁起の悪いことを表すようになり、慶事包みは右包み、弔事包みは左包みにする作法が普及した。

慶事包み

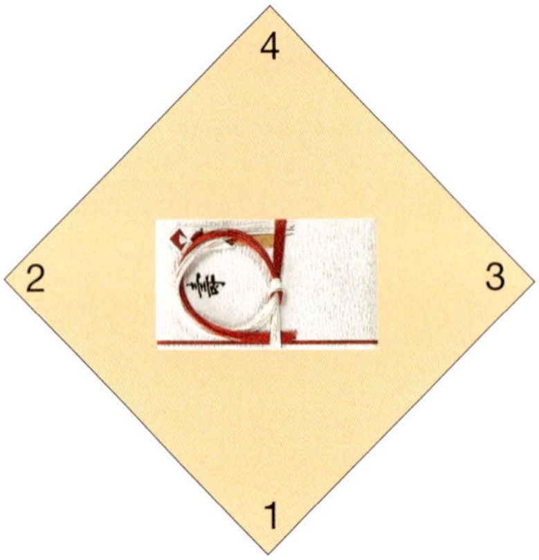

中央に金封を左向きに置き、順番にたたむ。

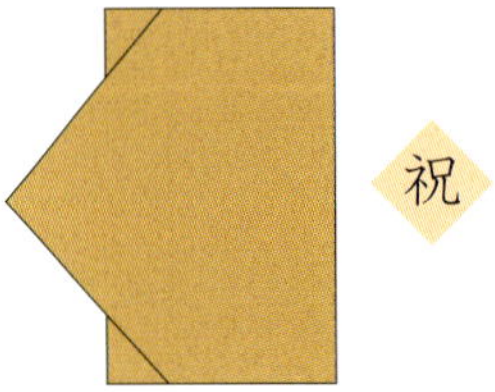

弔事包み

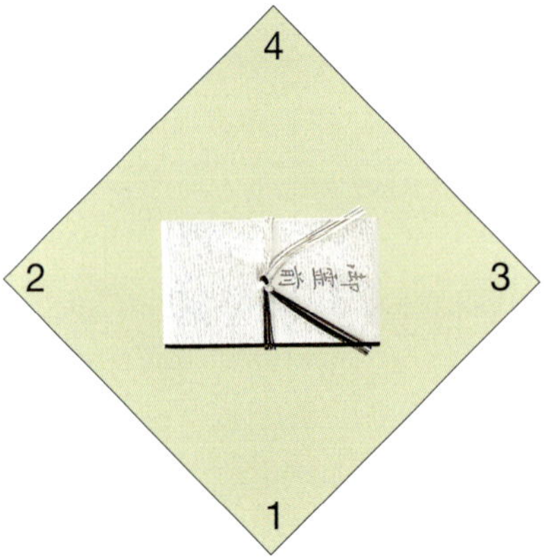

中央に不祝儀袋を右向きに置き、順番にたたむ。

＊着物を着るとき左前を下にし、その上に右前を重ねること。右袵はその逆

風呂敷の意匠

一枚の布である風呂敷は、
包むことによって模様の見え方が変化する。
広げた状態だけでなく、
包んだときの美しさが要求される風呂敷の意匠。
方形の中に展開される、
伝統的な図案構成を見る。

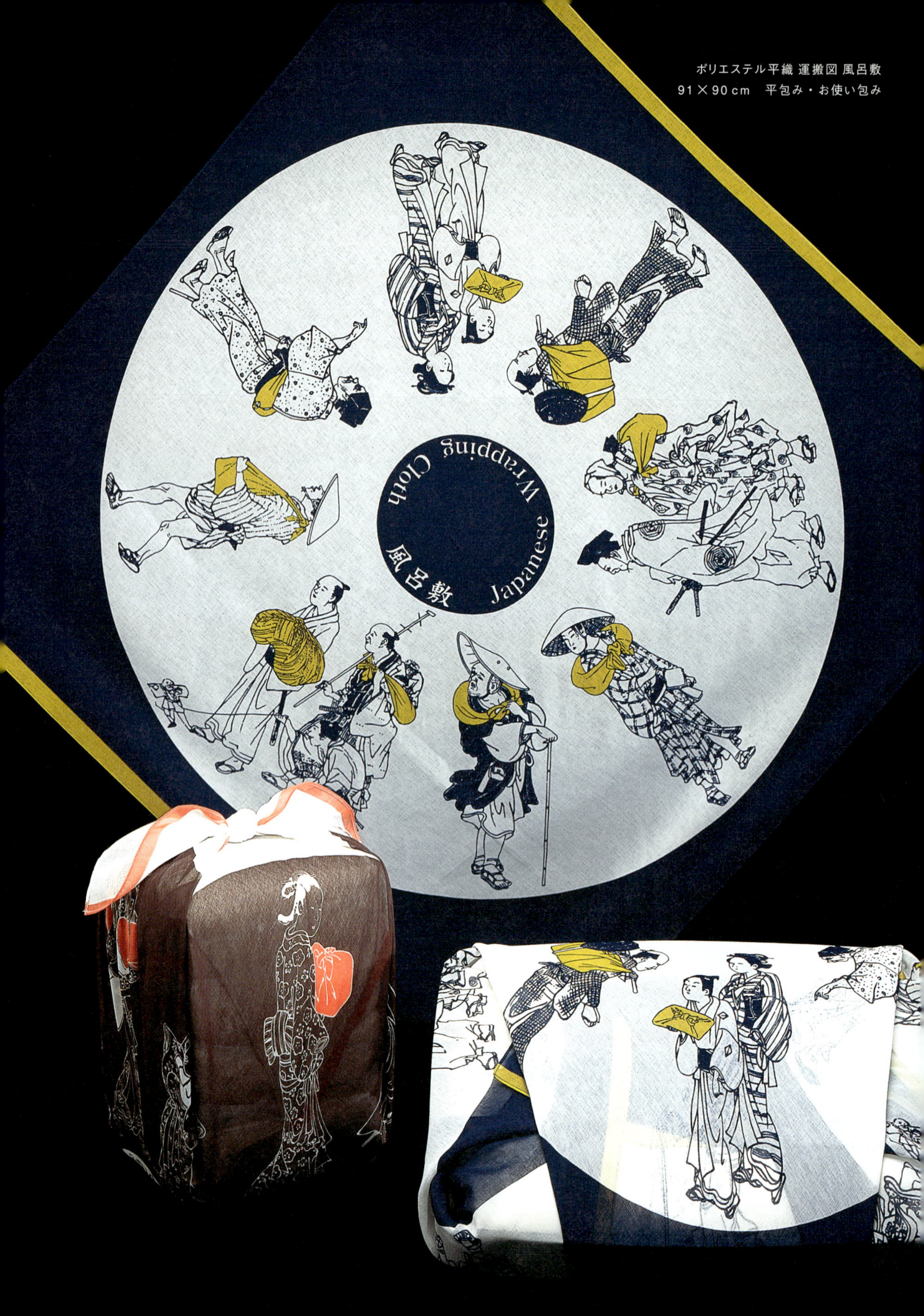

ポリエステル平織 運搬図 風呂敷
91×90cm　平包み・お使い包み

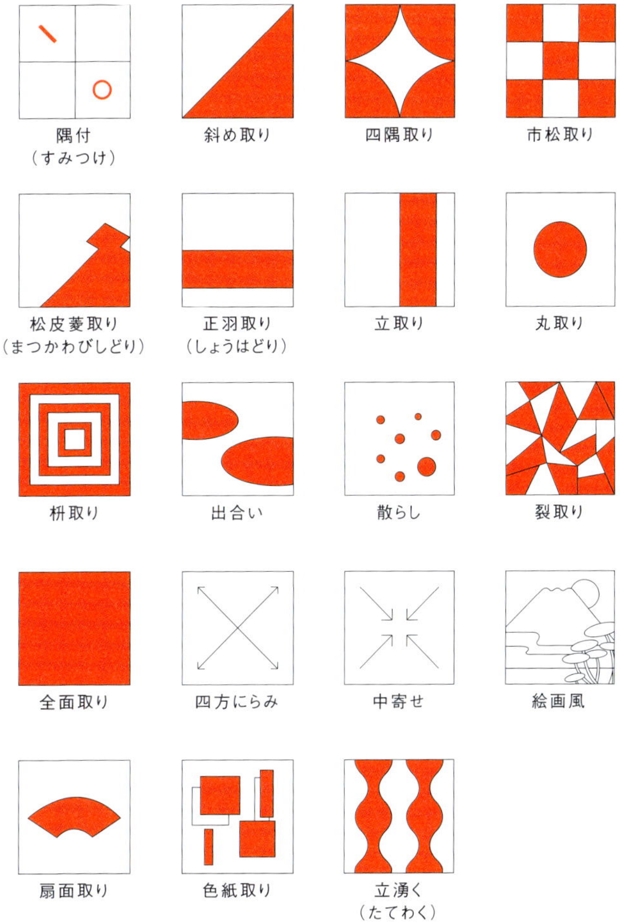

風呂敷デザインの基本的な構図

一般的に風呂敷は「あげるもの・もらうもの」として認識されていて、現在でも7割以上が進物品として流通している。そのため風呂敷を購入する際には、どうしても広げた状態での美しさが優先され、実際に包んだ状態での美的効果は判断されにくい。

風呂敷業界には、下絵図案に関する構成手法が約20種類あり、それは使用するときの美的効果も考慮されたものとなっている。

例えば左頁の茶の風呂敷は、風呂敷の中心から　四辺の方向に模様を構成する「四方にらみ」で、四隅結びやお使い包みにしたとき、図柄の上下関係が正常に表現される。

四方にらみとは逆の「中寄せ」では、風呂敷の四辺から中心の方向に花や人物などを描き、平包みにしたとき図柄の上下が適正となる。これは紋章風呂敷の紋の方向付けと同じで、平包み専用の柄付となっている（藍の風呂敷）。

基本的なデザインの構図と、それが実際の風呂敷ではどう表現されているかを紹介する。

白山紬 紋章入 筒描引染 風呂敷
108×105cm　平包み

儀礼贈答時に使用する紋章風呂敷では、紋章は風呂敷をタテ・ヨコに四分割した右下の方形の中心に斜め付けされる。紋章の直径は生地巾の1/6とし、包まれる広蓋（進物品を入れる容器）の長辺の3倍の対角線を有する風呂敷が適正サイズとなる。紋章入風呂敷は全て平包みで用いる。

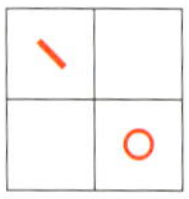

隅付

市松は地紋の一種で、もともとは石畳という。江戸時代、歌舞伎役者の佐野川市松がこの模様の袴を履き、人気を博したことから俗に市松模様と呼ばれるようになった。碁盤縞の格子を一つおきに色違いにしたこの風呂敷は、平包み・お使い包みともに模様は斜めに表現される。

レーヨン縮緬 市松取雪輪模様 友禅 風呂敷
70×68cm　平包み

市松取り

対角線を中心にして二色で染め分けているので、隠し包みにすると模様は包みの左右または包みの上下に色違いで表現される。

絹紬 斜取丸模様 絞染 風呂敷
108×106cm　隠し包み

斜め取り

絹紬 斜取絞染 風呂敷
108×106cm　お使い包み

同じく斜め取りの風呂敷であるが、二隅を等分に染め分けているので、平包みにしてもお使い包みにしても、二色の面積は均等に表れて、思いがけない美的効果を発揮する。

風呂敷の四隅を四色使いの引染ぼかしにし、「蘭」「竹」「梅」「菊」で四君子＊（しくんし）を表現している。平包みや隠し包みにするとき、四隅の柄や色を自由に選べ、好みや季節の変化を表せる。四隅結びにすれば四色のぼかし色が結び手部分になり表情を変える。

絹縮緬 四君子模様 友禅 風呂敷
70×68cm　平包み・隠し包み

＊「蘭」「竹」「梅」「菊」を草木の中の君子として称えた言葉

四隅取り

四君子模様と類似の構成で、平包みにすると表は一色になり、お使い包み、四隅結びにすると結び手は同色の上に乗ることになる。「四畳半」とも呼ばれる構成。

絹縮緬 四隅引染ぼかし 風呂敷
70×68cm　四隅結び

木綿 結雁金模様 友禅 風呂敷
107×105cm　平包み

四辺を枠取りし、結雁金（むすびかりがね）模様を白地藍柄と藍地白柄で染め分けている。単純な模様を同色の組み合わせで変化をつけ、包んだときに洒落気を持たせる工夫がある。平包みやお使い包みにすると、上下配列の模様は全て斜め付けになる。松皮菱は紋章名で、松の表皮の形を表現したものである。

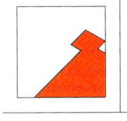

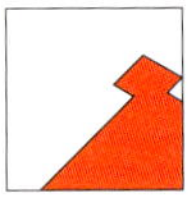

松皮菱取り

正羽取りは横方向に柄を配置することで、立取りに対して横取りの意味で使用する業界用語である。蟹牡丹模様とは牡丹の花弁が蟹の爪のように見えるからで、江戸時代には手拭や千代紙の模様として人気があった。平包み、お使い包みともに模様は斜めになる。柄を多く出すためには下段を、少なく出すときは上段を表にし、柄面積を調整出来るように配慮されている。

木綿 蟹牡丹模様 友禅 風呂敷
107×105cm　平包み

正羽取り

立取りの典型は立縞である。対角線同士を結ぶ隠し包みやお使い包みでは模様は斜方向に表れ、一辺の両隅を結ぶすいか包みは横位置か縦位置に模様が表れる。「鎌」・「輪」・「ぬ」で「かまわぬ」と読ませるのを「判じ模様」といい、浴衣・手拭い・千代紙など、江戸庶民に親しまれた。

木綿 かまわぬ模様 友禅 風呂敷
107×105cm　隠し包み

立取り

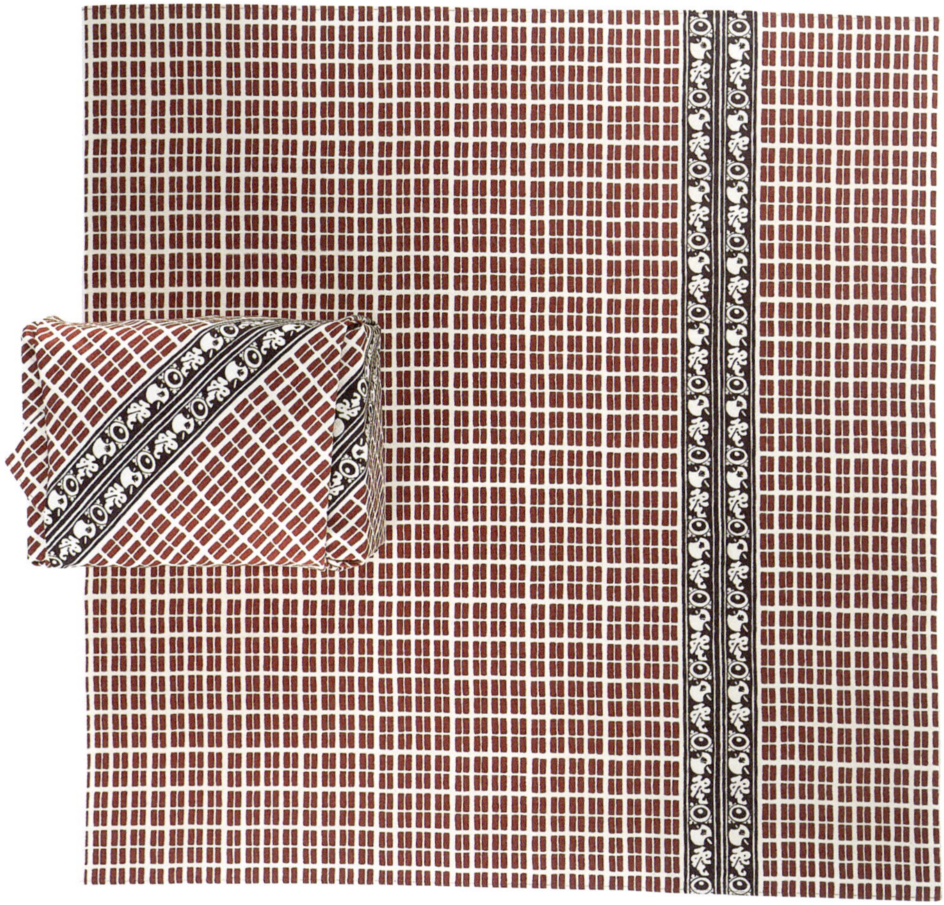

木綿 良きこと聞く模様 友禅 風呂敷
107×105cm　平包み

「斧（よき）」・「琴」・「菊」を描いて「良きこと聞く」と読ませる判じ模様で、それに格子を付加して「格子越しに良きこと聞く」と表現している。平包み、お使い包みでは模様は斜めに表れる。結雁金、蟹牡丹、かまわぬと合わせてこの4枚の風呂敷は、全て「江戸千代紙のいせ辰」が製作した千代紙の模様を風呂敷に柄付けしたもので、1978年の初売りからのロングセラー商品である。

木綿 大皿模様 両面染 風呂敷
197×120cm　お使い包み

丸取りは包み方によって期待できるほどの変化はなく、360度の円を割り付けする手間もかかったため、風呂敷の柄としてはあまり多くは見られない。包み布では柄の一部しか見えないので、むしろ広げて使用する卓布や覆い裂に適している。この風呂敷は、裏面に麻葉模様を全面に施し、両面染技法で染め上げている。

丸取り

包結すると中央の柄部分が包みの底に隠れてしまう丸取りは、四隅の変化が美的ポイントとなる。隠し包みやすいか包みなどに効果的である。

絹絽縮緬 丸取 引染ぼかし 風呂敷
70×68cm 隠し包み

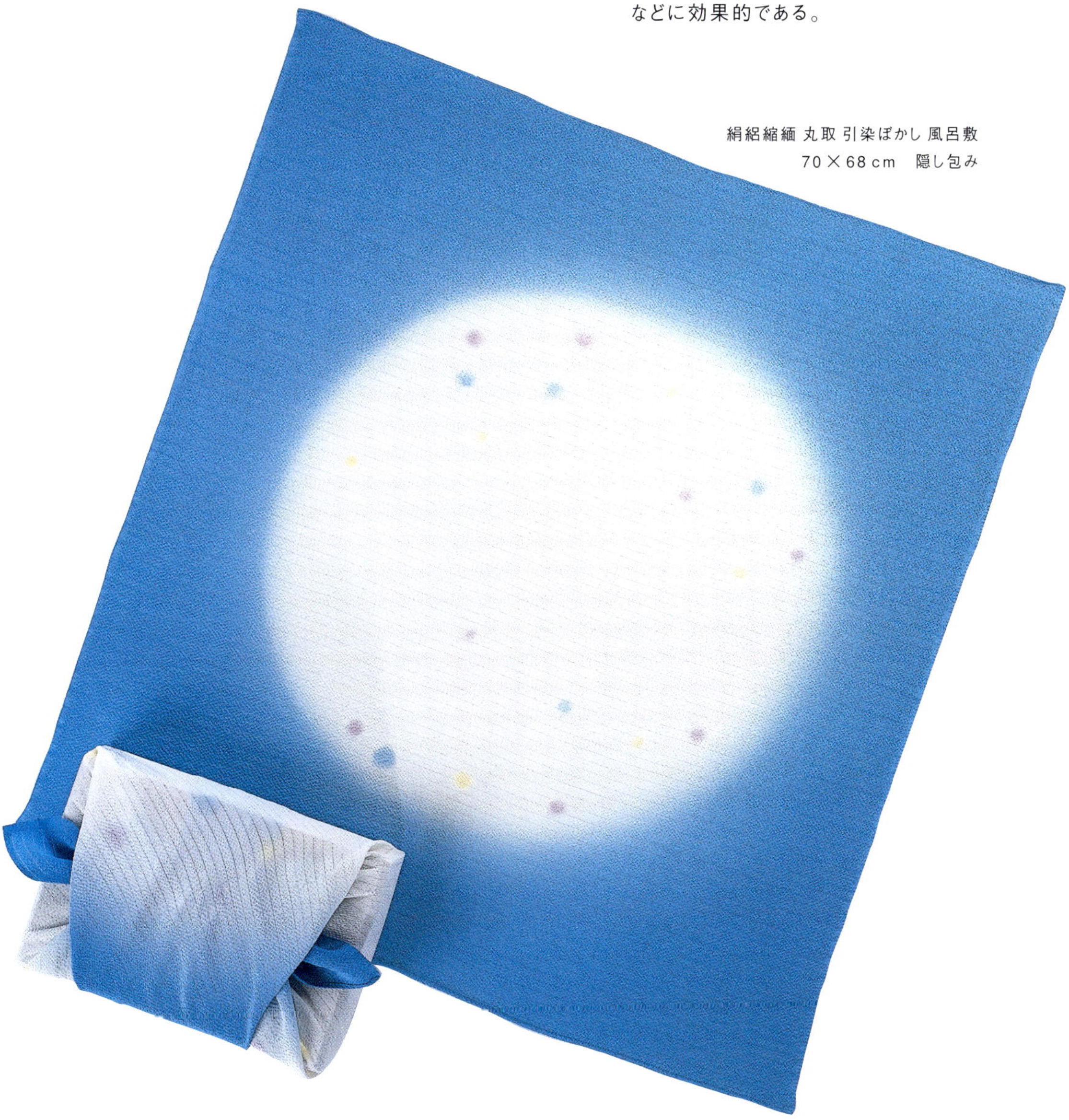

木綿ブロード 枡取松葉 糊防浸染 風呂敷
130 × 128 cm　四隅結び

枡は液体や穀類の量を計る容器で、大小の枡を入れ子にし、上から見た模様を枡取りという。この柄は通常、布団や座布団などを平包みにして押し入れに収納するときに多用される。従って 176 cm幅や 198 cm幅など大きめのものが、同柄同色で生産されている。四隅結びにすると側面は模様が山型に構成され、結び目は無地となる。

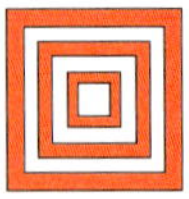

枡取り

出合いは、風呂敷の左右や上下から色違い、柄違いの模様が出合っていることを示す業界用語である。この風呂敷では紅梅と白梅が出合っていて、平包みにすると表面に紅梅または白梅が見えるように構成されている。春の梅・桜と秋の紅葉を出合いにし、春秋兼用で一枚の風呂敷が使えるように工夫されたものもある。地味と派手、老若、春秋、紅白、大小などの対比を一枚の風呂敷で表現するのに適した構図である。

絹縮緬 紅白梅模様 友禅 風呂敷
70×68cm　平包み

出合い

散らし

同一同類の模様を大・中・小とりまぜて布面に散らした構成を散らし、または散らし模様と呼んでいる。多種類の包結方法に対応するため、使いやすい風呂敷となる。取り上げられるモチーフは梅や菊などの花や、和玩具、干支といった誰にでも親しみやすいものが多い。

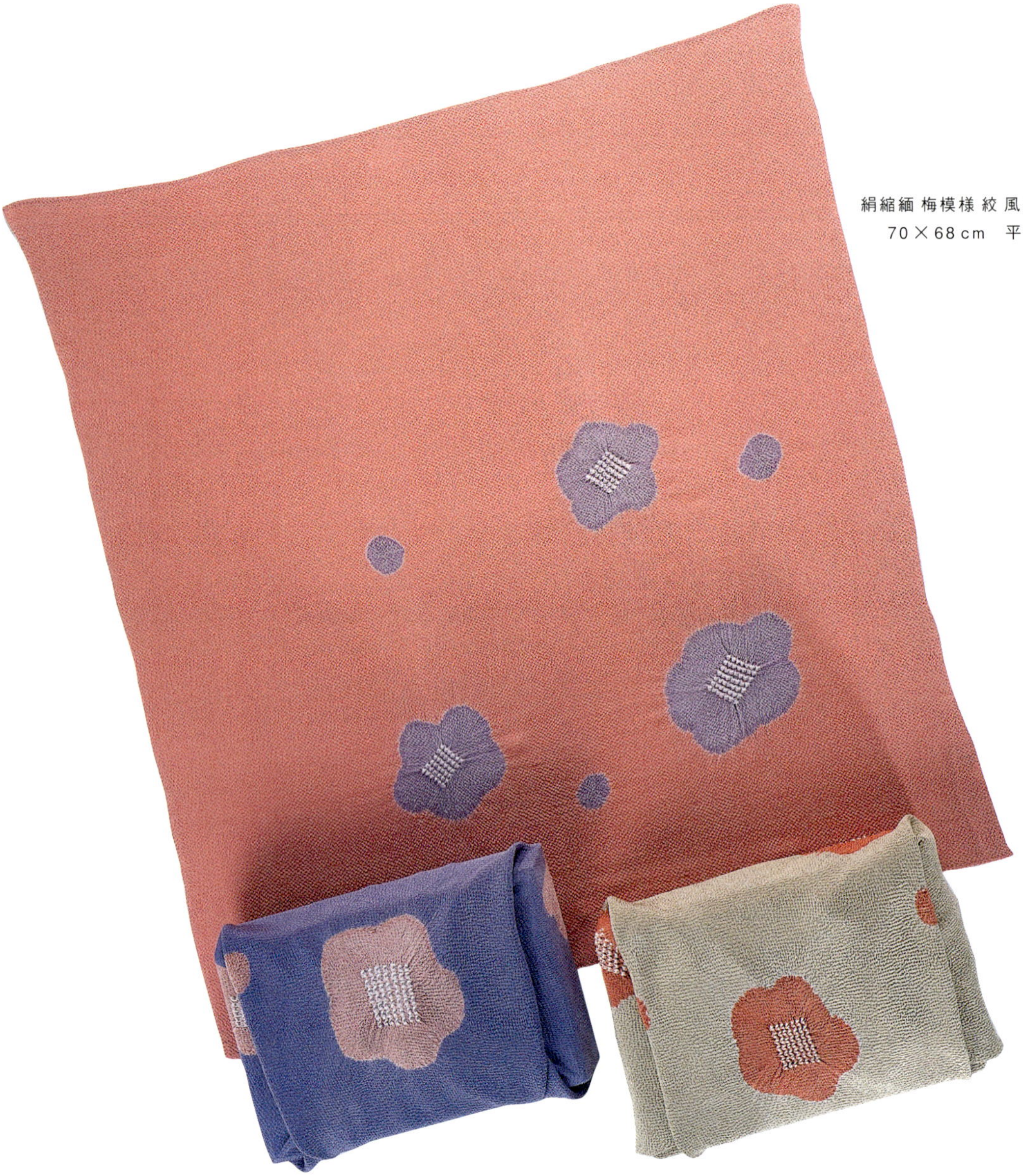

絹縮緬 梅模様 紋 風呂敷
70×68cm　平包み

木綿 裂取模様 友禅 風呂敷
112×110cm　平包み

昭和35（1960）年頃迄は、家庭の主婦は家族の衣服を手縫いやミシンで仕立てていた。洋裁学校へ通う女性も多く、プリント服地が飛ぶように売れた時代であった。裁った布の残り裂は大切に取っておき、風呂敷にも再生された。裂取りの風呂敷は全面取りと同じで、どんな包み方をしてもイメージに変化は見られない。

裂取り

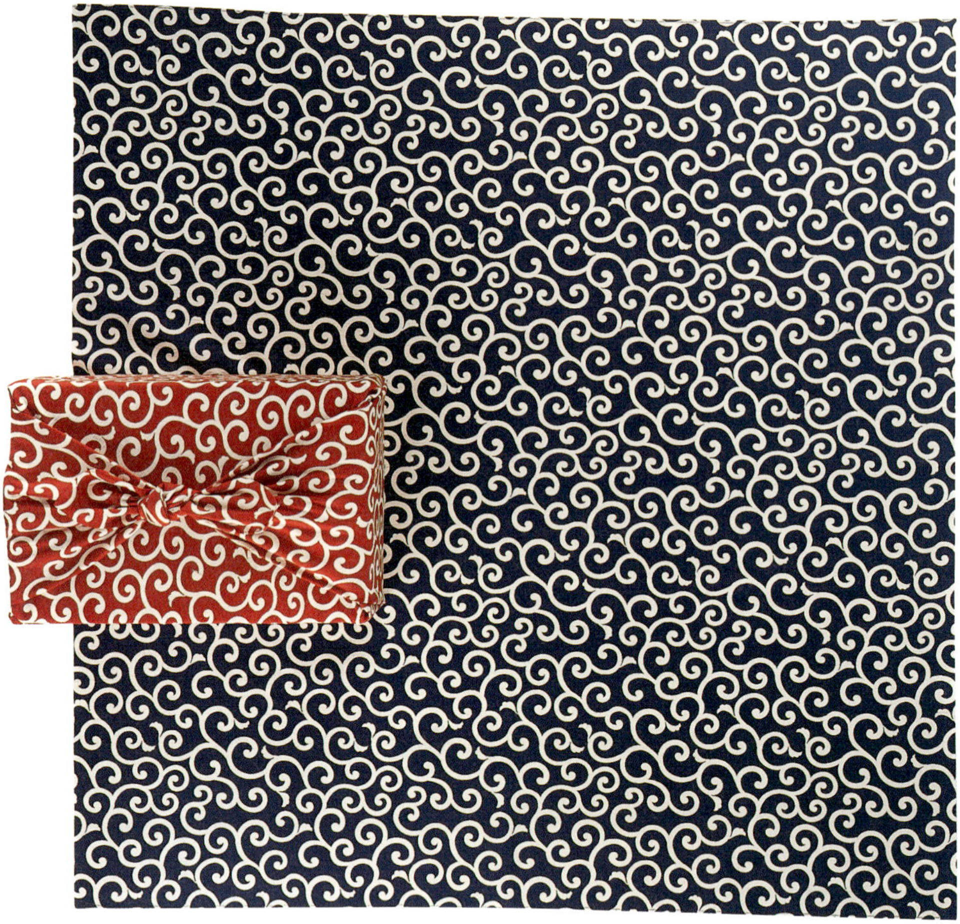

木綿 唐草模様 捺染 風呂敷
107×105cm　お使い包み

四方八方へ伸びる唐草模様は、柄合わせの必要がなく、裁断も容易なため、嫁入荷物上掛（油単）や布団包みの大風呂敷に都合の良い布地であった。唐草風呂敷の最盛期は昭和35（1960）年から45（1970）年で、年間総生産量は約600万mに及んだ。無地染め、唐草模様、小紋など全面取りは、どのように包んでも見た目の変化はない。

全面取り

第13回 廃棄物学会研究発表会 記念品

綿シャンタン／友禅染　90×93cm　2002年11月　京都

記念風呂敷

WCC
1978 KYOTO

KYOTO
KIMONO
QUEEN'95
BEAUTY PAGEANT

人類の進歩と調和
EXPO'70
日本万国博覧会 会場案内図

思い出を記念に

オリンピックや万博のような国家行事、世界クラフト会議のような国際的な催事には必ずといってよいほど記念風呂敷が生産されてきた。
またプロ野球球団の優勝記念、企業・団体の創立記念、市町村の記念事業を祝って製作されるものも多い。
個人の発注としては、賀の祝、叙勲記念、ゴルフのホールインワン記念、故人の書画を写したものなどがある。
風呂敷が記念品として選ばれる要因としては、価格の幅が広く発注者の予算に応じられる、比較的短期で納入でき少量の注文も可能、名前や紋章を入れる等デザインが自由にできる、追加発注が可能、老若男女を問わず誰でも長期にわたって使用できる、かさばらない等があげられる。
ここに紹介した記念風呂敷はほんの一部だが、それぞれ意匠に工夫がこらされ、印象深いものとなっている。

左上）第8回　世界クラフト会議（WCC）
綿ブロード／友禅染　92.5×90.0cm　1978年　京都

中上）京都きものの女王’95　参加記念
ポリエステル／友禅染　72.0×72.0cm　1995年

右上）第18回　オリンピック　東京大会
ナイロンデシン／オフセット印刷　71.5×72.5cm　1964年　ポスター4種

左下）日本万国博覧会（EXPO’70）
ナイロンデシン／オフセット印刷　71.5×73.0cm　1970年　大阪　会場案内図

中下）沖縄国際海洋博覧会（EXPO’75）
ナイロンデシン／友禅染　71.0×71.0cm　1975年

左上）第39回　宮様スキー大会　後援会結成15周年記念
ポリエステル／友禅染　72.0×72.0cm　1968年　北海道札幌

右上）神戸ポートアイランド博覧会（PORTOPIA'81）
ナイロンデシン／オフセット印刷　74.0×72.5cm　1981年

左下）新幹線開通　博多～東京（6時間56分）
ナイロンデシン／友禅染　73.0×72.0cm　1975年

右下）SLブーム　C6225特急はと
ナイロンデシン／オフセット印刷　74.0×73.5cm　1972年

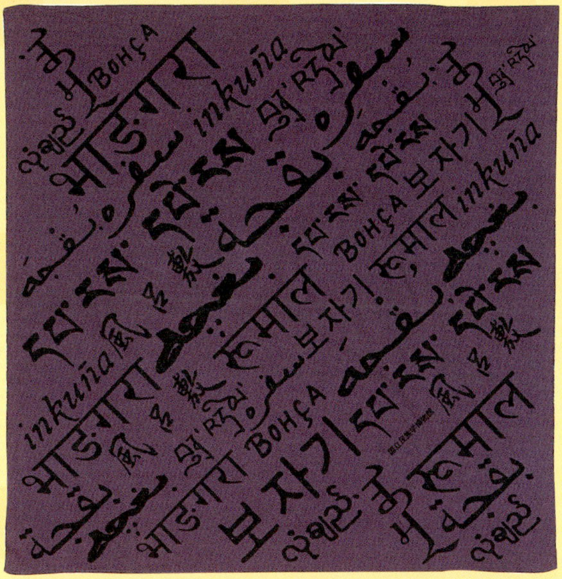

左上）世界大風呂敷展　国立民族学博物館

綿ブロード／無地浸染と友禅染併用　71.0×70.0cm　2002年

右上）大阪近鉄バファローズ　後期優勝（球団初優勝）

ナイロンデシン／友禅染　73.5×71.0cm　1975年

左下）西鉄ライオンズ　ファンクラブの記念品

ナイロンデシン／友禅染　68.0×73.0cm　1958年

右下）丸亀市立幼稚園　90周年記念

ナイロンデシン／友禅　71.5×70.0cm　1998年

第一次世界大戦凱旋記念

綿 金巾 #2002番／無地抜染　76.0×75.0cm　1919年　飛行第二大隊（清水）

明治から大正期にかけて、白生地問屋が余り裂を染め、風呂敷として売るようになった。裁断面は裁ち切りで販売され、各家庭において裁断面を三つ巻きに縫って使用していた。従ってこの風呂敷は生地幅よりも丈の方をやや長く裁断され、緯糸がほつれてくるとそれを切って使った。本品はその事情を物語る一例である。

袱紗・風呂敷あれこれ

袱紗や風呂敷の歴史、袱紗の使い方、
風呂敷の運搬方法……。
袱紗と風呂敷に関するあれこれを知れば、
もっと身近に感じられる。

暮らしの中の方形布帛

布帛（ふはく）

織りものの総称。布は麻・綿を、帛は絹を表す。

包みもの

「包」の文字は、母親の胎内に子どもが宿っている様子を表した象形文字が原形とされる。よって包むという行為には、物を大切に扱い慈しむ心情が宿る。

風呂敷

正倉院には舞楽衣装などの専用包みである「迦楼羅裹（かるらつつみ）」「師子児裹（ししじつつみ）」「師子幞（ししぼく）」が遺る。風呂敷は時代により呼称が違い、平安時代は「古路毛都々美（ころもつつみ）」「平包み」、鎌倉時代は「裹物（つつみもの）」「平包み」であった。風呂敷と呼ばれるようになったのは江戸時代からである。

加賀袱紗

金沢、富山、福井など北陸地方で今でも使用されている包み袱紗。掛袱紗としても用いられる。

小袱紗・手袱紗

45cmくらいの単衣（ひとえ）の小風呂敷。金封や貴重品などを包むときに使う。

袷風呂敷（袷袱紗）

袷（あわせ）仕立てにした小風呂敷。

覆いもの 掛けもの

日除け、ホコリ除けとして使われるが、儀礼装飾としても用いる。

掛袱紗

贈答儀礼時に進物品に掛けて贈る。通常袷仕立てとし、江戸後期からは四隅に飾り房を付ける。

重掛

民間で、配りものの重箱に掛けて用いる。多くは木綿、麻などの単衣で、吉祥文や家紋などが筒描されている。

お膳掛

食膳の上に掛ける布。木綿や麻の単衣で、簡単な配りものにも使用する。

敷きもの

奈良時代には褥という字があてられた。什器の損傷を防ぎ、滑り止めとして用いる。

出し袱紗

茶の湯で、道具拝見や濃茶手前のとき、茶碗に添えて使う。袷仕立て。

打敷（うちしき）

綾や錦で製作され、上差し緒を四辺に通した進物時の敷きもの。寺院や仏家では仏具、経本の下敷きとして用いる。掛けもの、包みものとして用いることもある。

拭きもの

大切なものの、湿気や汚れを拭き取るために用いる。

茶袱紗（点前袱紗）

茶の湯で、茶器などを拭き清めるときに使用する。袷仕立て。

袱紗と贈答

「ふくさ」という言葉は本来形容詞として用いられ、硬いものに対して「柔らかい、ふっくらした」ものであるとか、正式なものに対して「略式」であるという意味をもっている。例えば洗った浴衣をしまうとき、糊付けしてしわをのばして収納するのが通常であるが、洗ったままで袖たたみして納めることを「ふくさめる」という。また日本料理の正式な本膳料理に対して、略式の料理を「袱紗料理」と称した。布でいえば、錦や綾などの正装の裂地に対して、袱紗に使用する裂が羽二重や縮緬、綸子などの柔らかなもので製作されていることから、「ふくさ」と呼ばれることになったのだろう。

広蓋と掛袱紗

贈答に用いる袱紗には、大きく分けて2種類ある。生地を袷に仕立て、四方に飾り房を付けた「掛袱紗（本袱紗）」と、単衣で飾り房のない「小袱紗」である。小袱紗は地方によって呼び名が異なり、関西では小風呂敷、関東では懐中袱紗ともいう。

結納、婚礼祝、花嫁の近所への挨拶（内祝饅頭配り）、出産祝、初節供など、人生の節目の贈答の際、目録や品物を広蓋（ひろぶた）に載せ、家紋の入った掛袱紗を掛け、内包み、外包みで包む。賀の祝や厄除けなどでも同様に用いる。現在では近畿圏や金沢などにその風習が残っている。また、不祝儀のお供えの場合にも、不祝儀用の掛袱紗を用いる。金封を届ける場合は小袱紗に包むことが多い。

不祝儀のお供え
進物盆に供物を載せ、弔用袱紗を掛けて贈る。

掛袱紗のなりたち

維新前寺子屋書初めの図
(『風俗画報』第106号　明治29年1月10日発行より)
挨拶をしている親子の前には赤地に竜の模様の掛袱紗を掛けた万寿盆。棚に飾られた鏡餅の下には広蓋に掛袱紗が掛けられている。

古代、中世には、物を運搬する場合は唐櫃(からびつ)に入れて運んだ。贈答品も唐櫃を用い、相手に渡すときはその蓋を裏返して品物を載せ、差し出した。
平安時代の唐櫃の蓋裏には、表と同様の蒔絵や螺鈿(らでん)が施され、また錦裂を貼ったものもあった。
鎌倉時代になると、唐櫃の蓋だけが独立して広蓋の呼称をもつようになる。広蓋は江戸時代になると益々普及し、運搬の際にはホコリ除けに裂地を掛けるようになった。これが掛袱紗である。
はじめは大名や一部の裕福な町人だけのものだったこの習わしは、江戸後期には町人や農民にも普及したが、「奢侈*(しゃし)禁令」もあり彼らは木綿の重掛を用いていた。
正式な武家の礼法では、贈答に際しては白木の献上台を使用することになっていて、台も袱紗も一度きりの使用とし、献上先に差し上げていた。
現存する最古の掛袱紗は、奈良の興福院(こんぶいん)の刺繍袱紗で、五代将軍綱吉の奥方から拝領した31枚が伝わっている。何枚も伝わることから、一度きりの使用であったことが伺える。
掛袱紗や広蓋による贈答が、より一般的になったのは明治中期以降である。すべての国民は名字をつけるように法律で決まり、それによって誰もが家紋を持つことが可能になった。明治20年頃には家紋の流行とともに、紋を入れた袱紗が広く使われるようになる。

*江戸時代に継続的に出された贅沢を禁ずる令。その中で町人の着物地は紬、木綿、麻に限られた

袱紗の使用例

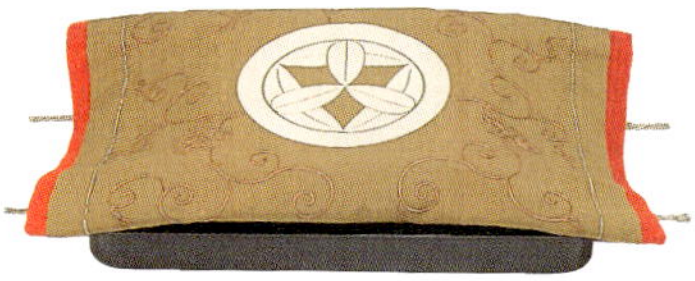

広蓋の上に進物品を載せ、その上に袱紗を掛ける。

二段重ねの重箱の上に掛けた袱紗。

袱紗が料理の煮汁や蒸気で汚れないように、四方だたみにして重箱に載せる。この場合は袱紗の表面が隠れるので、袱紗拝見儀礼が行われた。

四つ折りにして重箱に斜め掛けにして載せて贈る。この袱紗も拝見儀礼が行われる。

袱紗をたたまず、広げて用いる。

婚礼内祝饅頭配り袱紗使用例（近畿圏）

1

黒漆塗りに定紋を金蒔絵で入れた万寿盆を用意する。定紋は通常母系紋（生家の母の紋章）で、紋径は盆の上下寸法の1/3にする。

2

内祝の進物には饅頭を奇数に取りそろえ、掛紙には新婦の名前を明記し、水引は日の出結び切にする。

4

縁起のよい模様の風呂敷で内包みする。この風呂敷の熨斗模様は延年長久を表す。包み方は右包みの平包みに。

5

定紋入風呂敷で外包みする（右包みの平包み）。紋径は生地幅の約1/6として、右下隅付に入れる。

婚礼内祝の品は新婦が持ち、姑に従って近隣縁者宅に挨拶回りに出かける。訪問先では玄関で外包みを取り除き、内包みの状態で座敷に通る。姑からの紹介の後挨拶の口上を述べ、内包みを開いて袱紗は掛けたまま、定紋を相手方に向けて差し出す。受け手は礼を述べ別室に持ち運び、饅頭折箱を取って万寿盆には「お移り*」を入れ、袱紗は裏面の模様を表面にして返す。

*物をもらったとき、返礼としてその容器に入れて返す品

3

定紋を表にして掛袱紗で覆う。現在女性用の袱紗は赤朱や紫系、家紋袱紗は青緑や茶系の地色を用いる。紋径は生地幅の約1/2とする。

6

「お移り」は通常半紙を半帖抱き合わせに組み、水引を掛けて熨斗を付けたもので、受領の印として入れる。

7

掛袱紗は模様の面を表にして覆い、礼の口上を述べて返す。新婦はこれを風呂敷で内包みにし、玄関先で外包みに包んで姑ともども辞去する。

内包みの例

上左：絹縮緬 色紙取四季草花模様 友禅 風呂敷
平包みにした表に四季の草花が表れる。季節ごとの贈答に用いられる。
上右：絹縮緬 蓮花模様 友禅 風呂敷
春秋彼岸の報恩講のお供え、葬儀や法事の後の御法礼の進物品を包む。弔事の場合は左包みにする。
下左：絹縮緬 霞小菊模様 友禅 風呂敷
婚礼内祝饅頭配りの内包み。
下右：絹縮緬 縁起模様 友禅 風呂敷
結納の品を納めるときの内包み。

風呂敷の由来

銭湯に行く姿
絵の横には「此奴僕のもてるはいはゆる風呂敷なり当時は風呂の敷物なり物をつつむ料となりても風呂敷の名目残れり」との記述がある。
（『骨董集』山東京伝 より）

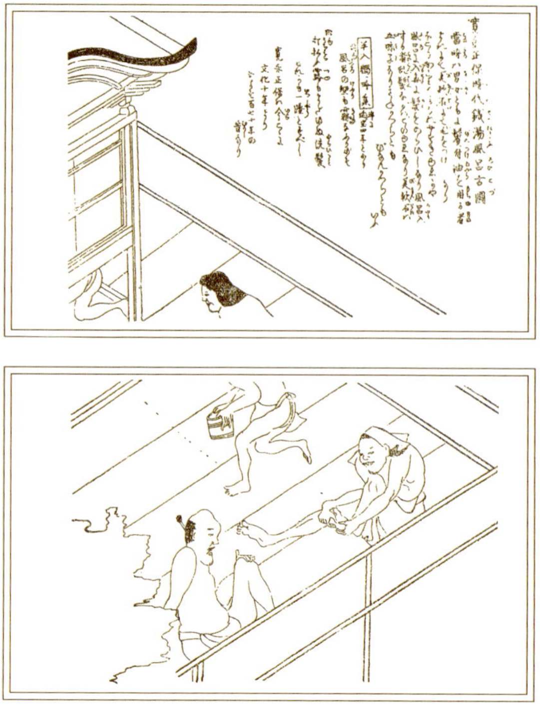

銭湯の様子
（『骨董集』山東京伝 より）

包み布である風呂敷の歴史は古く、奈良時代にまで遡る。
正倉院に遺る舞楽衣装などの専用包みである「迦楼羅裹（かるらつつみ）」「師子児裹（ししじつつみ）」「師子幞（ししぼく）」は、現存する日本最古の風呂敷とされている。
ただしそれは現在の風呂敷とは違い、布に付けられた紐で結んで収納物を固定し、貴重な品々を包んで長く保管するためのものであった。

時代が下り、平安時代の古文書には「古路毛都々美（ころもつつみ）」や「平包み」の名が見られる。また鎌倉時代は包み布のことを「裹物（つつみもの）」「平包み」と呼んでいた。

この平包みが風呂敷と名称を変えていくのは、室町時代に将軍足利義満が大湯殿（おおゆどの）を建て、近習（きんじゅ）の大名が一緒に入浴するようになってからである。
この頃の入浴の目的は心身を清める沐浴潔斎（もくよくけっさい）で、温堂（浴室）は寺院に限られて設けられ、一般の家庭には設置されていなかった。
温堂は今のように湯を使うものではなく蒸し風呂で、蒸気を拡散し室内の温度を一定にするために、床にムシロやスノコ、布などを敷いていた。
また入浴者は湯帳（今の浴衣）を着用して沐浴するのが習慣であった。
大名たちは脱いだ衣服を家紋入りの絹布に包み、他の大名の衣服と紛れないようにし、風呂から上がってか

挿図はすべて江戸時代

銭湯への出入り
この図では、浴衣を抱えて銭湯に行き、帰りは浴衣を着て着物を小脇に抱えて持ち帰っている。
（『役者夏の富士』勝川春章 筆 より）

らは包みを開き、その上に座して見繕いをしたのである。

江戸時代になると、入浴料を取って風呂に入れる銭湯が誕生した。据風呂（すえぶろ）、鉄砲風呂、五右衛門風呂といわれる、現在と同じように湯を張った風呂（湯風呂）である。
人々は手拭い、浴衣、軽石などの湯道具を四角い布で包んで銭湯に通ったが、この四角い包み布を「風呂敷包み」と呼んでいたようだ。
銭湯の発展とともに風呂敷包みの呼称は普及し、やがて包みを省略して、単に風呂敷と呼ばれるようになった。
徳川家康が病死した元和２（1616）年、遺品を尾張の徳川家が受け継いだときの記録『駿府御分物御道具帳』が遺っているが、その中には既に「こくら木綿風呂敷 壹（いち）」という記述が見られる。

江戸中期には風呂敷の語源を考証することが行われ、研究者たちは風呂敷を以下のように定義した。
・浴後に敷いて座するものの名
・湯殿に敷いて湯上がりに足を拭うものの名
・湯上がり場所に敷いて物を包むものの名
・入浴に際し衣服を包み、浴後これを敷くものの名

風呂の敷きものだった風呂敷が平包みと同じ方形の布帛だったからか、脱いだ衣服を風呂敷で平包みしたからか、要するに形も用途も似ていたので、「つつみ」→「平包み」→「風呂敷」と発展したと考えられる。

現在にいたる風呂敷事情

家紋を入れた風呂敷

明治時代に入り、誰もが苗字を持つようになると同時に家紋も持つようになった。風呂敷に家紋を入れることが増え、紋章入りの風呂敷は進物用など冠婚葬祭に大いに使われた。これは現在にも受け継がれている。

繊維工業の飛躍的な発展により、風呂敷の生地もそれまでの手織りから機械で織るようになり、大きなサイズのものも作られるようになった。

また新しい染色技法も開発され、絹や木綿以外の化学繊維も使われるようになり、風呂敷は短時間で大量生産が可能な工業的なものへと変化した。

昭和40年ごろには、ナイロンの風呂敷（いわゆるボカシ染めのものなど）が引き出物などを包むために普及し、企業や団体などの記念品としても、風呂敷は各方面で使われていた。

しかし、この頃からデパートでは紙製の手提げ袋を無料で配布するようになり、紙袋による運搬は消費者にも急速に浸透していった。

こうして「いくら作っても余ることはない」と言われてきた風呂敷も、年々生産は減少傾向を辿ることになる。

現在、風呂敷は実用品としてよりも贈答品としての需要がほとんどである。

関西では婚礼内祝や快気内祝、関東では仏事返礼などの答礼品として風呂敷は使われている。

風呂敷のこれから

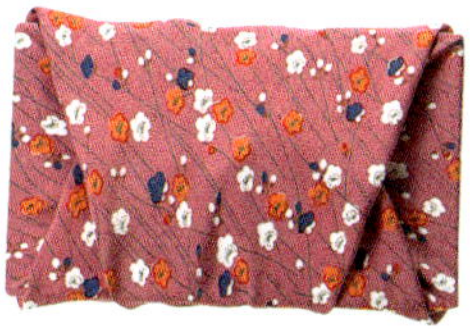

最近、これまでの大量消費、大量廃棄を反省し、スーパーのレジ袋やデパートの紙袋を使わず、布製のショッピングバッグをマイバックとして持参しようという動きが活発である。
それにともない風呂敷があらためて見直され、風呂敷の講習会や包み方教室などが各地で開催され、多くの人が参加している。
一枚の四角い布である風呂敷は、大きさや形にとらわれず物を包むことができ、破れにくく何度でも再利用が可能で、かさばらないという利点がある。
さらに包みものとしてだけでなく、覆いもの、敷きもの、贈りものなど、様々な場面で活用できる布である。
長い歴史の中で引き継がれてきた風呂敷の文化は、これからも私たちの生活の中に生き続けていくだろう。

袱紗・風呂敷と出会える場所

宮井ふろしき・袱紗ギャラリー

宮井ふろしき・袱紗ギャラリー

京都市中京区室町通六角下ル鯉山町510
宮井株式会社 1階
開館時間／10:00～17:00（完全予約制）
休館日／不定休
問い合わせ／075-221-1076
http://www.miyai-net.co.jp/
アクセス／阪急烏丸駅22番出口より徒歩5分、又は地下鉄烏丸線烏丸御池駅6番出口より徒歩5分

東京ふじみやび風呂敷ギャラリー

東京都中央区日本橋人形町3丁目4-6　宮井ビル5階
開館時間／10:00～17:00（完全予約制）
休館日／不定休
問い合わせ／03-3661-1120
http://www.miyai-net.co.jp/
アクセス／東京メトロ日比谷線、都営浅草線・人形町駅A5出口より徒歩2分、又は半蔵門線・水天宮前駅8番出口より徒歩10分

明治34（1901）年創業の宮井株式会社は、歴代社長が商品開発の参考資料として日本及び世界の袱紗・風呂敷、その他染織資料の蒐集につとめ、その数は現在約2500点にのぼる。これを広く一般に公開するべく、京都本社に『宮井ふろしき・袱紗ギャラリー』、東京店に『東京ふじみやび風呂敷ギャラリー』を開設し、定期的に企画展を開催している。本書掲載の袱紗・風呂敷は宮井株式会社所蔵のものであり、当ギャラリーで展示されることもある。

その他の施設

国際染織美術館

北海道旭川市南が丘3丁目1-1
問い合わせ／0166-61-6161
http://www.yukaraori.co.jp/senshiki/ori_1.html

京都国立博物館

京都市東山区茶屋町527
問い合わせ／075-525-2473（テレホンサービス）
http://www.kyohaku.go.jp/

奈良県立美術館

奈良市登大路町
問い合わせ／0742-23-3968
http://www.mahoroba.ne.jp/~museum/

国立民族学博物館

大阪府吹田市千里万博公園10-1
問い合わせ／06-6876-2151
http://www.minpaku.ac.jp/

※常に展示されているわけではありません

大：綿ブロード糊防硫化浸染／3幅（105cm）　**小**：綿ブロード糊防硫化浸染／鯨尺2尺4寸幅（90cm）／
1974.2.25／京都市上京区馬喰町・北野天満宮　＊梅花祭の野点が終わり、大切な茶道具を片付ける

正絹東雲友禅／2幅（68cm）／片手垂下運搬／1974.1.15／
京都市左京区岡崎西天王町・平安神宮　＊成人式

PEPSI
缶入り

風呂敷のある風景

〈1972—1982〉

撮影　竹村昭彦

この写真は1972年から10年間、自社製品の品質管理基準を作るために、実生活における風呂敷の使われ方を知ろうと撮り出したものである。しかし街に出てみると、当時既に風呂敷を持つ人は非常に少数であった。
一体どこで使っているんだろうとカメラを握って歩き回り、まず縁日に行った。すると露店商の荷物を運ぶための風呂敷だらけ。駅でもおっちゃん、おばちゃんを待ち構えて、来たらシャッターを押した。カメラは音の小さなライカM3である。
撮った写真は5000枚を超えるだろうか。とにかく街なかで風呂敷を持つ人を見つけることは大変で、結局10年間もやることになった。距離もカメラの距離計に頼らないで分かるようになり、電信柱の間隔や敷石の幅を基準に目測してピントを合わせ、2～3メートルの位置に相手が来た瞬間にシャッターを押した。だからレンズは50ミリのみ。そのうち、後ろから風呂敷を持った人が来るのも分かるようになってきた。
ちなみに1976年の『繊維白書』によると、1975年の風呂敷総生産高は1億枚で、そのうちの6割がナイロン素材を中心とする婚礼引出物用。小売平均単価は400円である。
撮影を終わった82年には、露店商もみんなライトバンに段ボール箱を積んで荷物を運ぶようになっていた。また街行く人の持ち物も紙袋やショッピングバック、鞄に取って代わり、風呂敷による人力運搬は稀であった。
近年レジ袋や紙袋の代わりに、エコアイテムとして風呂敷が注目されるようになり、使ってみたいという若い人も出てきて、面白いものだなと思っている。

木綿唐草タンニン下塩基性ローラ捺染／4幅（135cm）／両肩掛運搬／1976.2.22／名神高速道路多賀IC
＊スキー道具を唐草模様の風呂敷に包んでスキー場へ行く途中

綿ブロード糊防硫化浸染／3幅（106cm）／片手腕上運搬／1974.1.6／京都市北区・京福電鉄北野白梅町駅

綿ブロード糊防硫化浸染／鯨尺2尺4寸幅（90cm）／肩上運搬／1972.10.20／京都市東山区三条縄手五軒町・京阪電車宇治行きプラットホーム

左：木綿縞／鯨尺3尺5寸幅（130cm）／片方肩掛運搬／1972.3.30／大阪市・阪急電車梅田駅　＊木綿の縞風呂敷は昭和30年代に大量に生産された
右：天竺白木綿／5幅（180cm）／1973.3.25／京都市上京区馬喰町・北野天満宮

天竺木綿無地直接染料浸染／5幅（175cm）／1979.1.21／三重県上野市／国鉄関西本線伊賀上野行きの車内

正絹紫緞子地掛袱紗（裏面は紫羽二重袷仕立）／大きさは不明／1974.2.11／京都市伏見区深草藪ノ内町・伏見稲荷大社
*親神様の御霊分けされたご神体を三方に乗せ、人目に触れぬように大きな袱紗で覆う

レーヨン・ナイロン交織後染浸染／2幅（70cm）／1975.9.21／京都市南区九条町・東寺

前：木綿唐草タンニン下塩基性ローラ捺染／鯨尺2尺4寸幅（90cm）　**後**：木綿縞（先染）／鯨尺2尺7寸幅（100cm）／片方振分運搬／1972.4.5／京都市下京区・国鉄京都駅　＊唐草と縞の木綿風呂敷は、この当時の代表的なもの

左頁：材質・大きさ等不明／1977.2.25／京都市上京区馬喰町・北野天満宮　＊毎月25日は天神さんの縁日で、多くの露店が並ぶ

上：合織友禅／鯨尺2尺4寸幅（90cm）／両手腕上運搬／1977.1.9／大阪市浪速区恵美須西・今宮戎神社　＊1月10日は戎祭。1日前の宵戎に参詣し、福笹に縁起物の大判小判、鯛、米俵などを付けてもらう

右上：ナイロンデシンぼかし浸染／2幅（68cm）／垂下運搬／1973.3.11／京都市伏見区桃山大手筋

右下：ナイロン友禅染／2幅（68cm）／垂下運搬／1972.5.7／京都市中京区六角通り新京極東

上左：唐草タンニン下塩基性ロール捺染染／4幅（135cm）／1974.5.5／京都市伏見区深草・藤森神社
上右：ナイロンデシンぼかし浸染／2幅（72cm）／1976.10.10／京都市伏見区深草開土口町
下左：友禅染（素材不明）／2幅（68cm）／垂下運搬／1974.1.25／京都市上京区・北野観音寺
下右：アセテート板場抜染／2幅（68cm）／垂下運搬／1974.1.25／京都市上京区馬喰町・北野天満宮
右頁：木綿縞先染／4幅（135cm）／両肩掛運搬／1974.4.21／京都市左京区九条大宮・東寺境内

上：天竺木綿無地隅に印入捺染／5幅（175cm）／1972.4.5／東京都・国鉄東京駅　＊大判の風呂敷を用い、綿紐で十文字掛けをした見事な梱包
右：ナイロンデシン浸染ぼかし／鯨尺2尺4寸幅（90cm）／1975.4.18／三重県四日市市・近鉄ステーションホテル　＊1965（昭和40）年頃から、結婚式をホテルや結婚式場で行うようになった

上：合織板場友禅／2幅（70cm）／片手垂下運搬／1974.5.5／京都市伏見区深草・伏見稲荷山参道
下：天竺木綿傘絞り直接染料浸染／3幅（100cm）／片手垂下運搬／1972.5.7／京都市東山区清水・産寧坂

ナイロンデシン紫無地浸染／鯨尺2尺4寸幅（90cm）／1972.5.5／京都市左京区・出雲路橋左岸加茂川堤　＊風呂敷をマントにして遊ぶ

上:天竺木綿無地直接染料浸染/6幅(200cm)/両肩掛運搬/1981.5.16/宮城県仙台市・国鉄仙台駅前
下左:合繊友禅染/2幅(70cm)/片手垂下運搬　合繊浸染ぼかし/鯨尺2尺4寸幅(90cm)/片手腕上運搬/1975.5.21/京都市上京区・北野天満宮
下右:合繊友禅/鯨尺2尺4寸幅(90cm)/片手垂下運搬/1977.7.14/京都市中京区室町六角下ル鯉山町
*祇園祭を控え京町衆の旦那さんが寄合へ行く
右頁:合繊板場友禅/2幅(68cm)/片手垂下運搬/1974.7.17/京都市下京区四条烏丸・産業会館前バス停

乗合

ナイロン友禅染／2幅（70cm）／1975.8.24／京都市伏見区深草藪ノ内町・伏見稲荷大社

ブロード糊防硫化浸染／鯨尺2尺4寸幅（90cm）／片手垂下運搬／1975.9.15／京都市伏見区深草藪ノ内町・伏見稲荷大社

合織板場友禅／2幅（70cm）／片手垂下運搬／
1975.9.21／京都市南区九条町・東寺

ブロード友禅染／鯨尺2尺4寸幅（90cm）／片手垂下運搬／
1975.8.24／京都市伏見区深草薮ノ内町・伏見稲荷大社

左頁：綿ブロード糊防硫化浸染／3幅（106cm）／片手垂下運搬／1972.9（下旬）／京都市下京区・五条大橋南詰

右頁：綿ブロード糊防硫化浸染／3幅（105cm）／斜肩掛運搬／1976.10.11／京都市伏見区深草藪ノ内町・伏見稲荷大社裏参道

左：合織板場友禅／2幅（68cm）／片手腕上運搬／1972.11.3／京都市東山区三条川端・京阪電鉄三条駅
下：縮緬友禅染／2幅（68cm）／片手腕上運搬／1974.1.6／京都市北区北野白梅町
右頁：木綿藍染刺子／6幅（約200cm）／1976.12.21／京都市南区九条町・東寺

スカーフを風呂敷代わりに／両肩掛運搬／
1975.9.21／青函連絡船内

おわりに

2005年4月、横浜・シルク博物館で開催された「世界大風呂敷展」の会場で関橋眞理さんから本書の企画を聞き、協力を要請された。

私は既に袱紗と風呂敷の本を上梓していたが、今回の企画は研究書としてではなく、若い人たちにも楽しんでもらうという趣旨であり、袱紗・風呂敷の意匠と、そこに込められた心をひもとくということに面白さを感じて監修を引き受けた。

袱紗・風呂敷の図版に関しては、勤務先である宮井株式会社の代表取締役・宮井宏明社長にお願いし、所蔵される資料を使用することを快諾してもらった。

また撮影その他、多くの方々のご協力、ご配慮を賜ってこの本は完成した。

ここに感謝の意を表し、謹んで御礼申し上げる次第である。

袱紗・風呂敷は、現在インターネットをはじめ様々な媒体によって海外にも紹介されるようになった。

物を大切に扱い、慈しむ日本人の心を伝えるとともに、「贈りもの好きな日本人」と言われる贈答文化の美的世界を、多くの人々に見ていただけるよう、願うばかりである。

竹村昭彦

協力

石田光枝(日本風呂敷協会)／井上和子(大日本印刷株式会社)／
門孝(株式会社 伝)／祇おん 小路／京都市伝統産業振興館／
京都紋章工芸協同組合／久保村正高(宮井株式会社)／栗田栄治／
くろちく 百千足館／小泉光太郎(麻小路)／小林陽一(株式会社ディ・キャップ)／
小山祥明(宮井株式会社)／中島慶子／成田真理子／
野城智(宮井株式会社)／森俊道(照圓寺)

(五十音順・敬称略)

監修／竹村昭彦（たけむらあきひこ）

1936年京都市生まれ。1960年袱紗・風呂敷の老舗、宮井株式会社に入社。以来40年間に亘り商品生産及び企画に従事。取締役企画開発室長を経て、現在宮井株式会社及び株式会社 伝 顧問。1998年「FUROSHIKI:JAPANESE WRAPPINNG CLOTH」（カナダ ノヴァスコシア大学）、2005年「街角の風呂敷 1972−1982展」（東京 新宿 ガレリアQ）等写真展開催。2002〜2006年「世界大風呂敷展」（国立民族学博物館〜韓国・国内の7館）に写真出品協力。
主な著書：『袱紗』岩崎美術社（1991年）／『風呂敷』日貿出版社（1994年）

企画・編集	関橋眞理（オフィスKai）
撮影	菊池正信（p12下、p37、p41、p64、p67、p102、p103、p134〜152、p154〜172、p178） 東健一（p173〜177） 長谷川修（p90、p100）
イラスト	絵瑠（p135〜152）
装丁・本文デザイン	こばやしさとる
プリンティング・ディレクション	山内明（株式会社DNPユニプロセス）

和のデザインと心

袱紗・風呂敷　FUKUSA·FUROSHIKI

2006年11月10日　初版第1刷発行

監修　竹村昭彦
発行者　谷　昌之
発行所　株式会社 東京美術
〒170-0011
東京都豊島区池袋本町3-31-15
電話　03（5391）9031
FAX　03（3982）3295
http://www.tokyo-bijutsu.co.jp/
印刷・製本　大日本印刷株式会社

乱丁・落丁はお取り替えいたします
定価はカバーに表示しています

ISBN4-8087-0800-0 C0072